Daniel Zanetti

Vom Know-how zum Do-how

Daniel Zanetti

Vom KNOW-HOW zum DO-HOW

Ein Buch für Macher

Econ

Econ ist ein Verlag der Ullstein Buchverlage GmbH

ISBN-13: 978–3-430-19993-3
ISBN-10: 3-430-19993-X

Gesetzt aus der Scala bei LVD GmbH, Berlin
Druck und Bindung: Clausen & Bosse, Leck
Printed in Germany

Ich widme dieses Abenteuer unseren Kunden
und Mitarbeitern. Sie gaben mir durch die Vielzahl
an sympathischen und herausfordernden
Begegnungen die Inputs dafür.
Danke für die vielen inspirierenden Momente.

Ob wir gut oder schlecht kochen,
beides braucht gleich viel Zeit.
Erwin Hoyer, mein erster und bester Chef

Inhaltsverzeichnis

1. Die Welt spricht Globalesisch

Man muss die Welt nicht verstehen,
man muss sich nur darin zurechtfinden.
Albert Einstein, Physiker

Deutschlehrer müssen mich bei
meinem Schreibstil dahin wünschen,
wo der Pfeffer wächst. Warum eigentlich?
Eine Erklärung zu Beginn.

Im Gegensatz zu meinen früheren Büchern will sich dieses Buch nicht einem einzigen Thema widmen und auch nicht eine einzige Zielgruppe ansprechen oder womöglich noch jedes Detail recherchieren.

Was Sie für Ihre 19,95 Euro in den Händen halten, ist ein Cocktail, der es in sich hat. Mein Buch enthält Tipps zu Themen, die viele Berufstätige beschäftigen oder auch verängstigen. Dabei spielt es keine Rolle, ob Sie eine Sekretärin oder ein selbständiger Unternehmer sind.

Nennen wir es einen Report aus dem Jahre 2005. Es gibt zwei Figuren, die uns durch dieses Buch begleiten: Die Knowhower, die immer alles wissen, aber nichts können. Die nichts wirklich zustande bringen. Die Know-hower stehen provokativ für Misserfolg.

Uns allen näher stehen natürlich die Do-hower. Ihnen ist eine freche, direkte Art nicht abzusprechen. Sie agieren pragmatisch, aber effektiv. Sie sind die, die es früher schon einmal gab. Früher, das heißt zu Zeiten, als wir noch ohne Hochschulabschluss Verkaufsgespräche führten und ohne MBA Direktor eines mittelständischen Betriebes sein konnten. Ich spreche von den Machern. Sie nehmen ihr Schicksal selbst in die Hand und machen das Beste daraus. Mit anderen Worten: Sie machen die komplizierten Dinge einfach. So viel zum Inhalt.

Nun zur Sprache: Die Sprache in meinem Buch entspricht dem Zeitgeist. Was kann ich denn dafür, dass wir unseren Business-Alltag heute in einem Mix aus Deutsch und Englisch bestreiten? Unsere Sprache ist heute Globalesisch. SMS enden mit »cu l8er«. »See you later«, heißt das. Oder noch einfacher: »Bis später«. Das ist konsequent, denn SMS heißt ausgesprochen »Short Message Service«. Und wenn kurz draufsteht, dann sollte auch kurz drin sein.

Anglizismusgegner werden an diesem Buch keine Freude haben. Aber fragen Sie doch heute mal jemanden auf der Straße, welches deutsche Wort für Call-Center steht? Oder für One-Night-Stand? Wir kaufen unser Bahnbillett am Ticket-Counter, selbst in Deutschland, wo die Wurzeln der deutschen Sprache liegen sollen. Auf Ihren Anschlusszug warten Sie neuerdings in der Lounge, und aus dem Automaten beziehen Sie Drinks & Snacks. Im Stellenmarkt wird ein Internal Audit Manager gesucht, und in meinem Briefkasten landet haufenweise Werbung von so genannten Wellness-Hotels. Und mein Buch? Mein Buch war mal ein Script, bevor es zu Ihnen distribuiert wurde. Wenn ich Pech habe, dann sind Sie jetzt zu allem Übel noch ein Speed-Reader und überfliegen es nur, anstatt das Gelesene umzusetzen. Dann allerdings wären Sie ein Knowhower, und die kommen in diesem Buch nicht gut weg.

Sie sehen, es gibt viele Gründe, dieses Buch nicht zu lesen. Vielleicht finden Sie darin nichts Neues. Nichts, was Ihnen wirklich hilft, Ihren Alltag glücklicher und erfolgreicher zu bestreiten. Nichts, das bedrucktes und gebundenes Papier für 19,95 Euro rechtfertigt. Vielleicht wollen Sie aber auch gar nicht spekulieren, sondern sich informieren. Vielleicht wollen Sie ja tatsächlich einmal Ihren inneren Rückspiegel abmontieren und nach vorne schauen. Neue Gedanken zulassen. Neue Wege gehen. Wohin uns die bekannten Wege geführt haben, wissen Sie ja aus eigener Erfahrung. Wohin Sie die neuen Wege führen, erfahren Sie ab der nächsten Seite.

2. Vorspiel

I never wear a watch, because I always know it's now
and now is when you should do it.
Steve Mariucci, Ex-Coach der San Francisco 49ers

Ein Traum. Von Siegertypen und Verlierern,
von Do-howern und Know-howern –
von Menschen, die viel wissen, aber nichts
können. Kein schöner Traum,
aber für viele ist er bereits Realität.

Es ist Samstag im Jahr 2010, und die Do-hower spielen gegen die Know-hower. 60 000 Menschen befinden sich im Stadion und nochmals 60 Millionen sehen sich das Spiel via Internet an. Es sind 80 Minuten gespielt und es steht 4:0. Spätestens jetzt müssen sich die Know-hower etwas einfallen lassen. Sie versuchen, den Ball zu kontrollieren, ihn in den eigenen Reihen zu behalten, um dann mit einem Überraschungsangriff doch noch ein Tor zu erzielen, aber sie sind wie gelähmt.

»Ihr müsst den verdammten Ball kontrollieren!«, hat sie der Trainer in der Pause angeschrien. »Das wissen wir!«, gaben ihm die Spieler gereizt zurück. Es wäre das fünfzigste Spiel in Folge, das sie gegen die Do-hower verlieren. In den Köpfen der Know-hower ist mittlerweile jeglicher Siegerwille den Fragen gewichen: Wie kann das sein? Wir waren früher doch die beste Mannschaft der Welt. Alle haben zu uns aufgeschaut. Jeder wollte für uns spielen.

Auch ihr Trainer ist verzweifelt. Es ist der dritte Trainer innerhalb eines Jahres. Und er hat ebenfalls keine Ahnung, was gerade passiert. Er hat alle seine Know-hower ausgewechselt und keinen Trumpf mehr im Ärmel. Er, der früher so bekannt war für seine cleveren Schachzüge und seinen autoritären Führungsstil. »Hart, aber erfolgreich« lautete seine Devise. Heute ist sie nur noch hart. Zum Glück, denkt er, habe ich beim Vereinsvorstand eine hohe Abfindung ausgehandelt.

Da ertönt auf einmal das akustische Schlusssignal. Während die Know-hower mit gesenkten Köpfen in Richtung Dusche marschieren, lassen sich die Do-hower von der jubelnden Menge feiern. Auf der großen Anzeigetafel können die Zuschauer den Marktwert jedes einzelnen Spielers mit Hilfe von eingebauten Touchscreens durch individuelle Beurteilungen beeinflussen. Als Kriterien können bewertet werden: Sympathie, Auftrittskompetenz, Sexappeal und Unterhaltungswert. Somit steht nach jedem Spiel der Marktwert jedes einzelnen Spielers fest. Bei Ebay kann der Spieler dann für Firmenevents ersteigert werden. Die Spieler der Know-hower können nicht bewertet werden, das haben Zuschauerumfragen ergeben. Für die Verlierer wurde die Spottparade eingerichtet. Via Internet können Zuschauer ihre Kommentare abgeben. Die besten Spott-Zitate werden jeweils mit 50 000 Euro prämiert.

Der Trainer der Know-hower steht am Spielfeldrand, im schicken Armani-Anzug und mit Hugo-Boss-Schuhen, und schaut hinüber, zu seinem Trainerkollegen, dem Do-hower, doch dort steht keiner.

Der Trainer der Do-hower steht bereits frisch geduscht zum Interview bereit. Auf seinem T-Shirt steht »Call me, I'm a winner!« und darunter seine Mobile-Nummer. Sein Handy klingelt andauernd. Er erhält verlockende Angebote von anderen Clubs, wird von Do-howern angerufen, die gerne für ihn spielen möchten. Für ihn und nicht für den Club. Seine Strategie ist einfach: »Be the best, fuck the rest!« Jeder seiner Spieler hat ein Talent, das kein anderer Spieler vorweisen kann. Er engagiert keine Spieler, die wissen, wie es geht, sondern nur solche, die es können. Hier und jetzt. Er hat doppelt so viele Talente, wie er braucht. Man weiß schließlich nie ...

Sie haben diesen Traum bestimmt auch schon geträumt, sind schweißgebadet aufgewacht und haben sich gefragt: Bin ich ein Know-hower? Oder doch ein Do-hower? Oder anders formuliert: Stehen Sie noch unter der Dusche und lecken Ihre Wunden, oder geben Sie bereits Interviews?

Guten Morgen und willkommen in der Welt der Do-hower! Schauen Sie sich um. Öffnen Sie Ihre Augen. Denken Sie nach. Über sich. Ihr Leben und ... über das, was noch vor Ihnen liegt. Was sehen Sie?

Das habe ich mir gedacht, Sie haben sich nicht wirklich umgeschaut, nicht wirklich nachgedacht. Über sich, Ihr Leben und das, was noch vor Ihnen liegt.

Wenn Sie ehrlich sind zu sich selbst, ganz ehrlich, dann werden Sie merken, dass Sie mehr über die letzte Folge von *Sex and the City* wissen, als über das, was gerade mit Ihrem Berufsleben geschieht. Es gerät nämlich außer Rand und Band. Nichts ist, wie es einmal war. 600 Jahre lang haben wir Menschen mit festen Strukturen und Werten gelebt und gearbeitet. Veränderungen gingen langsam vor sich und konnten von den Menschen meistens gut aufgenommen werden. Damit ist nun Schluss.

Die Menschheit hat es geschafft, nach 600 Jahren Struktur und System, innerhalb nur einer Generation unser Konzept des Zusammenlebens und Zusammenarbeitens aufzulösen wie Salz im Wasser.

Firmen, die vor zehn Jahren noch Vorbild waren für Strategie, Kultur und Erfolg, sind heute von der Bildfläche verschwunden, weil sie zu starr, zu hierarchisch waren und weil ihre Chefs zu oft in den Rückspiegel anstatt durch die Frontscheibe geschaut haben.

Anstatt Change Management zu dozieren, hätten Manager Change Management willkommen heißen müssen. Mit offenen Fenstern und Türen. Genau dies tun nämlich Firmen, denen es gelingt, in der heutigen Zeit erfolgreich zu sein. Sie begrüßen die Veränderung von ganzem Herzen. Und Sie?

Vom Know-how zum Do-how ist ein Buch, das Sie auf eine Reise entführt, die Sie fesseln wird, denn schließlich ist es Ihre Reise. Ich habe über das Leben an sich nachgedacht, aber auch über die Auswirkungen der schnelllebigen Welt auf unser Arbeitsleben und nach Lösungen geforscht. Dieses Buch ist eine Rückmeldung aus der Arbeitswelt. Es entstand nicht durch eine Vision, sondern durch das Verknüpfen vieler Beobachtungen, Feedbacks, Tendenzen und Fakten, die aus dem Arbeitsalltag meiner Kunden und Kollegen und natürlich auch aus meinem eigenen resultieren. Es hat mich selbst verblüfft, was am Ende daraus wurde.

Eine gute Reise wünscht Daniel Zanetti
November 2005

3. Fachliche Einsteins – soziale Azubis

Wer lacht, fliegt raus!
Dies sagte einer meiner Ex-Chefs, immer wenn jemand bei der Arbeit lachte ...

»Meine Mitarbeiter wissen, dass sie bei Problemen immer zu mir kommen können ... Aber es kommt nie jemand.« Kein Wunder, denn Ihre Mitarbeiter wissen: »Wenn ich mit einem Problem zu meinem Chef ins Büro gehe, dann komme ich mit zwei wieder raus.«

Wo immer wir hinschauen, wir stolpern über unsere soziale Inkompetenz. Wir werden überflutet von Angeboten, unser Outfit, also Kleider, Lifestyle oder Make-up zu optimieren. Doch das ganz große Bedürfnis nach Optimierung und gleichzeitig auch das ganz große Defizit liegt in unserem Infit, das heißt bei Lebenshilfe, Beziehungstipps und Selbstvertrauen. Genau dort öffnet sich eine riesige Kluft, zwischen den Know-howern und den Do-howern.

Manager erkennen zwar oft, dass ein Mitarbeiter Probleme hat oder macht, doch sie können darauf oft nicht sozial kompetent reagieren. Sie haben zwar das nötige Know-how, schaffen es aber nicht, aufzustehen und jene Probleme am Schopf zu packen und zu lösen, die mit dem Menschen selbst zu tun haben. Sie bleiben buchstäblich auf ihrem Allerwertesten sitzen und hoffen insgeheim, dass sich das Problem von alleine löst. Als Do-hower versagen sie, ihre Soft Skills lassen sie im Stich. Beispiele gefällig?

1. Im Rahmen einer Restrukturierung wurde ein Abteilungsleiter beauftragt, zwei seiner Mitarbeiter zu entlassen. Er tat dies per SMS, kurz bevor er selbst mit seiner Frau für zwei Wochen in den Urlaub flog. Er schaffte es einfach nicht, mit diesen beiden Mitarbeitern ein persönliches Gespräch zu führen, und als er es immer wieder hinausschob, entschied er sich für die fatalste aller Möglichkeiten und griff auf dem Flughafen, wenige Minuten vor dem Abflug, zu seinem Handy. Für einen Do-hower hätte die Sache erste Priorität gehabt. Er hätte sich ihrer persönlich angenommen und sich ihr mit viel Einfühlungsvermögen gewidmet. Er wäre dafür eingestanden und hätte nicht den Schwanz eingezogen.

2. Zwei Männer, beide Mitte vierzig, beide gut verdienend, beide Familienväter mit Eigenheim und Zweitauto, beide in der Geschäftsleitung des gleichen mittelständischen Unternehmens, kriegen sich in Sitzungen immer wieder in die Haare. 18 Monate und mehrere teure Coachings und Mediationen später müssen beide entlassen werden, weil sie es

noch immer nicht geschafft haben, zusammenzuarbeiten. (Mein Sohn ist zwar erst vier, aber in der Lage, mit einem anderen Kind im gleichen Sandkasten zu spielen. Der packt das voll ...! Auch Kinder sind Do-hower! Von ihrer Spontaneität und ihrer Offenheit können wir uns viel abgucken.)

3. Ein CEO, erfolgsverwöhnt und mit vielen Privilegien ausgestattet, verliert seine Stelle. Er zieht sich zurück, bricht alle Kontakte ab, taucht unter. Er wechselt sein ganzes soziales und berufliches Umfeld und zieht mit seiner Familie ins Ausland. Welche Schmach, zuzugeben, dass er für einmal nicht reüssiert hat.
   Schade, ein Do-hower hätte diese Situation als eine neue Chance gesehen und wäre an ihr gewachsen.

4. Ein Restaurantbesitzer weiß, dass einer seiner Kellner extrem stark transpiriert. Die Kollegen machen sich mit Spitznamen wie »Axel Schweiß« über ihn lustig, und die ersten Gäste haben schon reklamiert. Nur der Chef sitzt hilflos da und hat keine Ahnung, was er tun soll. Als Know-hower weiß er natürlich, was zu tun ist. Aber da er kein Do-hower ist, bleibt er tatenlos ...

5. Der Filialleiter einer Bank, der die besten Geschäftszahlen liefert, schafft es nicht, die Fluktuation in seinem Team in den Griff zu kriegen. Sprüche wie: »Hat der Dicke heute Dienst ...«, oder »Die Blondine mit den prallen Brüsten soll mir das Dossier von der Firma sofort kopieren ...«, kosten ihn schließlich den Job. Vor allem aber sein Image. Nur Chefs mit einer schwach ausgeprägten Sozialkompetenz sprechen so über ihre Teammitglieder.

6. Eine Führungskraft muss in einem Monat ein großes Projekt präsentieren. Sie ist jedoch noch meilenweit von der Lösung entfernt. Vor allem ist sie nicht in der Lage, jemanden um Hilfe zu bitten, und nimmt so negative Auswirkungen für die Firma in Kauf. Ein Do-hower wüsste, dass Teamarbeit

zu tollen Ergebnissen führt und mehrere Köpfe auch mehrere Ergebnisse liefern und würde nicht zögern, seine Kollegen um Hilfe zu bitten.

7. Eine Führungskraft führt mit ihren Mitarbeitern Qualifikationsgespräche. Die unbequemen Fragen und Diskussionen lässt sie aus und kreuzt bei allen immer »gut« an. Sie denkt das sei der beste Weg, die Sache schnellstmöglich hinter sich zu bringen. Ein Do-hower hätte seinen Kollegen mit konstruktiver Kritik gezeigt, was sie noch besser machen könnten. Dann wäre es ein Gespräch mit positiven Folgen geworden.

Das sind nur einige Beispiele aus Begegnungen mit Führungskräften. Leider sind sie alle wahr, obwohl die Beispiele zeigen, wie leicht wir auch besser handeln könnten ...

Und wie sieht es auf dem privaten Parkett aus? Bewegen sich dort viele Menschen auch so plump in zwischenmenschlichen Belangen? Psychologen würden dem wohl zustimmen. Hier ein typisches Beispiel: Ein Ehepaar merkt, dass ihre Ehe den Bach runter geht, ist aber nicht in der Lage, die Probleme anzusprechen und sie gemeinsam zu lösen. Lieber trennen sie sich und suchen sich einen neuen Partner. Beide wissen, weshalb die alte Beziehung kriselte, verdrängen es jedoch. Flucht statt Lösung. Viele schaffen den Turnaround nicht. Beruflich nicht und privat auch nicht. Wäre einer von beiden ein Do-hower gewesen, er hätte die Situation nicht nur analysiert, sondern auch gelöst.

Know-how ist der Weg – Do-how Ihr Erfolg

Was genau sind eigentlich Soft Skills, und wie unterscheiden sie sich von Hard Skills? Bei NeumannZanetti & Partner haben wir uns in den letzten zehn Jahren viel mit Mitarbeiterführung und den damit verbundenen Problemen auseinander gesetzt. Wir haben uns gefragt, was verbessert werden kann.

In Workshops stellen wir Führungsmitgliedern folgende,

einfache Frage: »Welche Kernkompetenzen benötigt eine Führungskraft, um heute erfolgreich zu sein?« Die Antworten sind branchenunabhängig immer gleich:

- guter Zuhörer sein
- soll Vorbild sein
- muss auch Fachkenntnisse haben
- gutes Menschenbild haben
- positiv denken
- zielorientiert sein
- motivieren können
- soll Prioritäten setzen
- muss Nein sagen können

Ich lasse diese Aufgabe immer in zwei Gruppen erarbeiten. Nachdem die einzelnen Punkte von den jeweiligen Teams präsentiert wurden, drücke ich jeder Gruppe rote Klebepunkte in die Hand und fordere sie auf: »Klebt bei jeder ›harten‹ Kompetenz, die ihr erkennt, einen roten Punkt hin.« Eine harte Kompetenz ist quantifizierbar und messbar, wie beispielsweise die Fachkompetenz. Das Resümee dieser Übung fällt immer gleich aus:

- Beide Gruppen kommen unabhängig voneinander zu den gleichen Ergebnissen. Das heißt, sie schreiben identische Kernkompetenzen auf.
- In beiden Fällen werden maximal 20% harte Kompetenzen mit einem roten Punkt markiert. Die übrigen 80% fallen unter die Soft Skills, also die weichen Kompetenzen.
- Demnach ist unser Erfolg zu 80% von den weichen Faktoren abhängig.

Die harten Kompetenzen lernen wir bewusst. Wir besuchen dafür Schulen und bilden uns gezielt weiter. Das hat dazu geführt, dass es hierzulande fast keine fachlich inkompetenten Manager mehr gibt. Ganz anders sieht es allerdings mit den Soft Skills aus, die unter dem Begriff soziale und emotionale Kompetenz zusammengefasst werden können. Soziale Kompetenz ist die Fähigkeit, souverän, einfühlsam, fair und konstruktiv mit seinen Mitmenschen umzugehen. Dazu gehören Teamfähigkeit und Empathie, also sich in andere hineinversetzen und Konflikte konstruktiv lösen zu können. Zu sozialer Kompetenz gehört die Bereitschaft, mit Menschen zu kooperieren, Rücksicht auf ihre Umwelt und Mitmenschen zu nehmen sowie ehrlich und verlässlich gegenüber anderen aufzutreten und zu handeln. Soziale Kompetenz drückt sich auch darin aus, wie weit Sie in der Lage sind, Ihren Mitmenschen konstruktives Feedback zu geben und selbst Feedback und vor allem Kritik anzunehmen.

Die Frage ist doch, ob Sie Ihre Mitarbeiter auch wertschätzen. Dadurch schenken Sie einer Person oder deren Leistung Achtung und Anerkennung. Durch Wertschätzung motivieren Sie einen Menschen nachhaltig und geben ihm eine Bestätigung. Damit Sie das können, müssen Sie allerdings zuerst den Wert eines Menschen oder eben seiner Leistung erkennen.

Fünf Beispiele aus der Praxis

1. Stehen Sie auf, wenn ein Gesprächspartner das Büro betritt, und gehen Sie ein paar Schritte auf ihn zu. Bieten Sie ihm danach einen Platz an.
2. Begleiten Sie einen Mitarbeiter nach einem Gespräch bis zum Ausgang. Halten Sie die Tür auf, und verabschieden Sie sich mit Handschlag und einem Lächeln.
3. Präsentieren Sie beim Außendienstmeeting nur die Gewinner, und sprechen Sie später jene Teammitglieder separat an, die ihre Ziele verfehlt haben. Sie vermeiden so eine Bloßstellung.
4. Bedanken Sie sich als Chef nach besonderen Einsätzen bei Ihren Mitarbeitern. »Vielen Dank für Deinen tollen Einsatz heute.«
5. Holen Sie gezielt Meinungen Ihrer Teammitglieder ein, bevor Sie Ihre Entscheidungen treffen. Wenn Sie einen Mit-

arbeiter vor vollendete Tatsachen stellen, demonstrieren Sie ihm damit: »Deine Meinung ist nicht wichtig!«

In den Schlüsselqualifikationen, den Soft Skills, liegt die große Chance für Ihre berufliche und private Karriere. In den seltensten Fällen wird jemand wegen fachlicher Inkompetenz entlassen oder verlassen. Doch sehr oft, weil er zwischenmenschliche Probleme nicht lösen kann.

Wer im harten Wettbewerb um Kunden und Karriere langfristig Erfolg haben will, kommt nicht darum herum, sein Handeln zu hinterfragen. Im Privaten verhält es sich übrigens genauso ...

?

Wie leite ich ein Meeting?
Wie präsentiere ich eine Idee?
Wie kritisiere ich einen Mitarbeiter?
Wie berate ich einen Kunden?
Wie verkaufe ich meine Dienstleistung?
Wie formuliere ich einen Brief?
Wie halte ich einen Vortrag?

Ob Sie gut oder schlecht kochen, ist egal: Sie brauchen für beides gleich viel Zeit. Das Ergebnis allerdings fällt sehr unterschiedlich aus. Wir alle erhalten schon bei der Geburt den Sozialkompetenz-Chip mitgeliefert. Doch leider aktivieren wir ihn später viel zu selten. Viele Menschen geben sich mit dem Wissen zufrieden, dass diese Kompetenz grundsätzlich vorhanden ist.

Sie haben bereits erkannt, wie sehr ein Ausbau Ihrer sozialen Kompetenzen und Ihrer kommunikativen Fähigkeiten Ihren Erfolg und Ihre Souveränität steigern würde? Und Sie sind neugierig auf mehr?

Dann sollten Sie mehr be-wusstern! Ihre PC-Tastatur verfügt über hunderte von Funktionen. Sie benutzen jedoch keine 10% davon. Genauso verhält es sich mit Ihrer sozialen Kompetenz. Es ist alles da. Sie müssen es nur bewusster aktivieren.

Sie haben vier Möglichkeiten, Ihre Soft Skills zu optimieren:

- Sie kaufen Bücher. (Kalt ..., außer dieses Buch natürlich, das kaufen Sie!)
- Sie besuchen Seminare. (Wärmer ...)
- Sie nutzen ein individuelles Coaching. (Heiß ...)
- Sie be-wusstern! (Bingo!)

Alle vier Punkte müssen verknüpft werden, wenn Sie tatsächlich Veränderungen erreichen und Erfolg haben wollen. Sicher sind Seminare und individuelles Coaching teurer als der Kauf guter Bücher; sie bringen in der Regel aber auch mehr, weil Sie durch aktives Erleben neues Wissen besser verankern, als es beim Lesen geschieht.

Halten Sie sich aber vor allem an den letzten Punkt! Das heißt: Leben Sie bewusster, arbeiten Sie bewusster, streiten Sie bewusster, loben Sie bewusster, motivieren Sie bewusster, diskutieren Sie bewusster, und hören Sie auch bewusster zu.

Bei all der Bewusstseinsschärfung schreiben Sie Ihr Optimierungspotenzial auf. Wenn Sie erkennen, dass Sie Mühe haben, Nein zu sagen, dann schreiben Sie »Nein sagen!« auf Zettel und heften einen auf Ihr Telefon im Geschäft und einen anderen auf das Armaturenbrett Ihres Autos. Sie werden feststellen, dass Sie diese Fähigkeit in Kürze optimieren, und dies nur deshalb, weil Sie anfangen, sich Ihre soziale und emotionale Kompetenz bewusst zu machen. Sie machen sichtbar, was sonst als diffuses Bauchgefühl verbleibt ...

Übrigens: Auf das Beispiel mit dem Neinsagen kam ich, weil mir neulich in einem meiner Führungs-Seminare ein 54-jähriger Manager gestand, dass er sich noch immer schwer tue damit, Nein zu sagen. Als ich ihn fragte, wann er sich dies das erste Mal bewusst gemacht hatte, antwortete er mir: »In der Ausbildung, so mit 18 Jahren ...« So viel zur Lernfähigkeit eines Managers ...

Führungskräfte behaupten viel, wenn der Tag lang ist. Vielfach bleibt es bei den Behauptungen, wie nachfolgende Beispiele zeigen.

Know-hower-Behauptung Nr. 1

»Meine Mitarbeiter wissen, dass sie bei Problemen immer zu mir kommen können ...«

Führungskräfte, die das sagen, verhalten sich passiv nach dem Motto: »Wenn da ein Problem ist, dann soll der Mitarbeiter damit gefälligst zu mir kommen.« Mitarbeiter kommen aber nicht unbedingt freiwillig zum Chef und schon gar nicht mit Problemen. Weshalb sich ins eigene Fleisch schneiden? »Ich gehe doch nicht mit einem Problem ins Büro meines Chefs! Dann komme ich mit zwei Problemen wieder raus ...«, sagen sich viele. Oft sind es aber gerade solche Chefs, die sich selbst als offen charakterisieren und keine Gelegenheit auslassen, sich als großen Menschenfreund zu feiern.

Anders machen es die Do-hower-Chefs: Die sozial kompetente Führungskraft geht auf die Menschen zu und wartet nicht, bis ihre Mitarbeiter mit Problemen auf sie zukommen. Sie erkennt Probleme frühzeitig, nämlich dann, wenn sie noch lösbar sind. Und: Sie oder er kann die modernen Kommunikationsmittel maßgeschneidert einsetzen, im Gegensatz zu den Knowhowern. Die meinen nämlich mit Kommunizieren höchstens Emailen, und damit kommen wir gleich zur zweiten Knowhower-Behauptung ...

Know-hower-Behauptung Nr. 2

»Ich kommuniziere mit meinen Mitarbeitern.«

Wer größtenteils mit seinen Mitarbeitenden via Mail und SMS kommuniziert und sie dabei noch via Intranet informiert, verliert den Blick für soziale Zusammenhänge und die Fähigkeit, zwischenmenschlich zu kommunizieren. Kommunizieren Sie nicht viel, sondern smart. Fragen Sie sich bei jeder Mail, die Sie versenden, ob es nicht eine wirkungsvollere Möglichkeit der Kommunikation gibt.

Do-hower wissen das und handeln: Die mündliche Kommunikation ist immer noch der beste Weg, vielleicht auch etwas mehr von Ihrem Mitarbeiter zu erfahren. Zugegeben, es ist effizient, eine Mail an alle zu versenden. Allerdings nur für Sie, den Absender. Meistens betrifft die Ansage »an alle« nur die Hälfte der Kollegen. Und die andere Hälfte haben Sie soeben mit Dingen belästigt, die sie gar nicht interessieren. So entwickelt sich in vielen Büros eine lästige Krankheit, die so genannte *Mailitis horribilis*.

Wie viele Mails erhalten Sie pro Tag, 20? 30? 40? Mehr? Dann haben Sie definitiv ein Problem. Allerdings eines, das lösbar ist: Stellen Sie sich vor, wie das bis vor wenigen Jahren noch ablief. Morgens kam ein Postbote (ein Mensch aus Fleisch und Blut) zu Ihnen und brachte die Post. Die Post wurde geöffnet, Eingangsstempel drauf und ab in die Postmappe. Dann war es zehn Uhr morgens und Sie kümmerten sich darum. Sie lasen einen Brief und beantworteten diesen. Vielleicht am gleichen Tag, vielleicht später. Wenn Sie Ihre Antwort wegschickten, dauerte es wiederum vier Tage bis eine Antwort kam. Heute erhalten Sie im Minutentakt Post in Ihre Mailbox und öffnen diese nicht einmal pro Tag, sondern gleich dreißigmal. Beantworten Sie eine Mail nicht innerhalb von wenigen Stunden, dann schickt der Absender bereits erneut eine Mail, diesmal mit dem Text: »Ich bin mir nicht sicher, ob Sie meine Mail von heute Mittag erhalten haben. Danke für ein kurzes Feedback.« Es wurde viel darüber geschrieben, wie die Mailflut reduziert werden kann. An dieser Stelle alles zu wiederholen macht keinen Sinn. Doch die erfolgreichsten Tricks möchte ich Ihnen nicht vorenthalten. Nachahmung sei empfohlen:

Clint Eastwood erhielt vier Oscars für seinen Film *Million Dollar Baby*. Weshalb sollte Ihr Mitarbeiter nicht einen für die nutzloseste Mail der Woche erhalten?

Der beste Tipp, wie Sie Ihre interne Mailflut effizient reduzieren: Gehen Sie in ein Kaufhaus, und besorgen Sie sich eine kleine, goldige Oskar-Statue aus Plastik. Drucken Sie jene interne E-Mail aus, die zu Ihnen gelangte und keinerlei Nutzen darstellt. Ich spreche hier von der sinnlosesten internen Mail der Woche, die in Ihrer Mailbox gelandet ist. Übergeben Sie dem Absender beim nächsten Meeting die Oskar-Statue, und überreichen Sie ihm den Most-Useless-E-Mail-Award. Erklären Sie die Aktion, und weisen Sie mit einem Augenzwinkern darauf hin, welches Ziel Sie damit verfolgen. Nämlich, dass der Preisträger am nächsten Meeting jemand anders nominieren soll, der ihm selbst eine nutzlose Mail geschickt hat. Selbstverständlich können auch Sie als Chef nominiert werden ...

Erfahrungsgemäß halbiert sich die Summe der nutzlosen firmeninternen Mails mit dieser Aktion innerhalb von wenigen Tagen, weil so jeder kurz den Nutzen seiner Mail-Botschaft hinterfragt, bevor er eine E-Mail verschickt.

Weitere Tipps für Do-hower im Umgang mit E-Mails:

1. Löschen Sie den Befehl »an alle«. Es gibt nur ganz, ganz selten Situationen, bei denen er zu rechtfertigen ist. Selbst wenn von 15 Personen nur drei nicht auf den Verteiler gehören.
2. Lesen Sie Ihre Mails nur dreimal täglich. Beispielsweise um 10.30 Uhr, um 14.00 Uhr und um 17.00 Uhr. Sie arbeiten so effizienter und können sich in den Zeiten dazwischen auf andere Aufgaben konzentrieren.
3. Überschätzen Sie E-Mails als Kommunikationsmittel nicht. Überraschend häufig versuchen Führungskräfte, über den Versand von Mails zu führen. Doch ist die scheinbar hohe Effizienz dieser Kommunikationsart trügerisch. Keine noch so gut verfasste E-Mail dieser Welt kann Ihren persönlichen Auftritt ersetzen.

Know-hower-Behauptung Nr. 3

»Ich pflege mit meinen Mitarbeitern einen guten Umgangston.«

Fragt man dann allerdings die Mitarbeiter, sind diese nicht immer der Meinung. Als kleine Kinder wurden wir von den Eltern immer dazu angehalten, Danke zu sagen, wenn wir etwas bekamen. Leider geht bei vielen Menschen diese positive Eigenschaft verloren, sobald sie erwachsen sind. Es gibt viele Situationen, in denen ein Dankeschön angebracht wäre. Beim Erstellen eines Angebots beispielsweise. Doch dort konzentrieren sich viele Firmen lediglich auf Formulierungen wie »Pos. 1112 je 3 Stck. à 500,00 Euro « und auf die wenig emotional wirkende Schlussfloskel »Wir würden uns freuen, Sie schon bald zu unseren werten Kunden zählen zu dürfen«. Das Gleiche passiert bei den Mitarbeitern. Es gibt so viele Möglichkeiten, bei denen Sie sich bedanken können. Mündlich, per Brief, Dankeskarte, E-Mail oder per Telefon.

Wirkungsvolle Vorschläge für Do-hower: Sagen Sie täglich Danke! Sie haben schließlich jeden Tag Gründe dafür. Erkennen Sie die Chancen, die sich Ihnen bieten:

- Danke für das gute Gespräch.
- Danke für die gute Zusammenarbeit.
- Danke für Ihren Auftrag.
- Danke, dass Sie unser Kunde sind.
- Danke, dass Sie unsere Rechnung so pünktlich beglichen haben.
- Danke für Ihre Unterstützung in diesem Projekt.
- Danke, dass ich mich bei Ihnen vorstellen durfte.
- Danke für Ihren tollen Einsatz.
- Danke, dass ich heute zu Ihnen sprechen darf.
- Danke für Ihre Zeit.
- Danke, dass Sie mich eingeladen haben.
- Danke für Ihre Hilfe.
- Danke für Ihre Offenheit.
- Danke für Ihre konstruktive Kritik.

- Danke, dass Sie mich zurückrufen.
- Danke, dass Sie heute etwas länger gearbeitet haben.
- Danke für Ihr Vertrauen.
- Danke für Ihre Geduld.

Zu einem guten Umgangston gehört auch eine positive, motivierende Sprache. Leider haben sich in unseren Büroalltag viele Killerphrasen eingeschlichen. Deshalb hier die »Top Ten« der Killerphrasen, die garantiert demotivieren:

- Eine gute Idee, aber ...
- Lass uns das ein andermal diskutieren.
- Ich habe jetzt keine Zeit.
- Dafür haben wir kein Budget.
- Das haben wir früher schon mal probiert.
- Ich wusste ja, dass das nicht funktioniert.
- Hättet ihr nur auf mich gehört, dann wäre das nicht passiert.
- Diesen Vorschlag akzeptiert die Geschäftsleitung sowieso nie.
- Typisch!
- Das hat jetzt keine Priorität.

Und hier die »Top Ten« der Sätze, mit denen Sie Mitarbeitende motivieren:

- Du bist auf dem richtigen Weg, weiter so!
- Toll, daran habe ich selbst nie gedacht!
- Mit dieser Idee können wir eine Menge machen.
- Schön, dass wir immer auf dich zählen können.
- Toll gemacht!
- Ich schätze sehr, was du tust.
- Lass uns deine Idee ausprobieren.
- Du bist der erste, der mit diesem Gedanken kommt. Vielen Dank dafür.
- Schön, dich im Team zu haben.
- Super! Das ist **die** Idee.

In diesem Kapitel habe ich für Sie Themen angesprochen, mit deren Optimierung Sie viel bewirken.

Geben Sie sich bitte nicht damit zufrieden, es zu wissen.

Geben Sie sich und Ihrer sozialen Kompetenz einen Ruck, und ändern Sie Ihre Verhaltensweisen oder die Ihres Chefs ... Werden Sie zum Do-hower, falls Sie es noch nicht sind!

4. Killerkriterien

Wenn Sie sich als Kunde über unfreundliche Mitarbeiter ärgern, dann sollten Sie dafür sorgen, dass Sie Ihren eigenen Kunden Unfreundlichkeit ersparen.
Daniel Zanetti, Chief Motivation Officer

Freundliche Mitarbeiter hat jedes Unternehmen. Das behaupten zumindest die Manager. Doch beim genaueren Hinschauen stellen wir fest: Hier arbeiten keine Kundenbetreuer, sondern Kundenbeschimpfer. Wie kommt es dazu?

Auf meinen Workshops stelle ich den Teilnehmern oft die Frage: »Was müssen Sie tun, damit Ihnen Ihre Kunden davonlaufen?« Das ist eine sehr gute Frage. Denn sie bringt die Menschen, denen sie gestellt wird, immer auf wertvolle Gedanken und auf Dienstleistungsaspekte, die optimiert werden können. Die Antworten auf diese Frage lauten immer gleich. Sie müssen ...

- unfreundlich sein
- die Kunden nicht ernst nehmen
- den Kunden gegenüber gleichgültig sein
- sich arrogant zeigen
- ein ungepflegtes Erscheinungsbild an den Tag legen

Sind diese Punkte erst einmal auf dem Flipchart notiert, stelle ich zwei Anschlussfragen: »Wie viel von dem eben Genannten machen Sie schon?« Diese Frage mag provozieren, ist aber in gewissen Fällen nicht unberechtigt ...

Da Freundlichkeit immer unter den ersten drei genannten Punkten liegt, zwängt sich die Frage auf: »Was tun Sie konkret dafür, dass Unfreundlichkeit in Ihrem Unternehmen keine Chance hat?« Und genau hier liegt der wunde Punkt. Es stellt sich die Frage: Sollen Sie Ihre unfreundlichen Mitarbeiter einsperren? Nein, Sie sollen sie erst gar nicht einstellen! Führungskräfte wissen zwar, dass freundliche Mitarbeiter einen Erfolgsfaktor für ihr Unternehmen darstellen, stellen aber inkonsequenterweise doch nicht die freundlichsten ein. Oft ist es das gleiche Muster: Per Inserat wird ein Mitarbeiter gesucht. »Wir suchen einen freundlichen, kundenorientierten Mitarbeiter ...« Wenn die ersten Bewerbungen auf dem Tisch liegen, werden zuerst einmal die Fotos begutachtet. Es gibt leider nur allzu viele Bewerberinnen und Bewerber, die ein Foto beilegen, das den Chef eher zum Einsperren als zum Einstellen animiert. Doch der fatalste Fehler besteht darin, dass die Führungskraft selbst jenem Bewerber noch eine Chance gibt, der demotiviert, griesgrämig und todernst dreinschaut.

Beim Bewerbungsgespräch stellt die Führungskraft dann fest, dass das Foto mit dem persönlichen Auftritt übereinstimmt.

Aus rein fachlicher Sicht beurteilt, ist der Bewerber aber vielleicht sogar hoch qualifiziert, und deshalb entscheidet er sich dann doch für den demotivierten Fachmann. Und später, ja später versucht er dann, innerbetrieblich Freundlichkeit zu schulen, was in den seltensten Fällen gelingt und auch nicht seine Aufgabe ist.

Seine Aufgabe besteht darin, Killerkriterien zu definieren, die sicherstellen, dass Unfreundlichkeit keine Chance hat. Setzen Sie bei der Rekrutierung Ihrer Mitarbeiter im direkten Kundenkontakt neue Do-how-Maßstäbe. Diese Maßstäbe sind Hürden, die der Kandidat überwinden muss, ansonsten erhält er von Ihnen keinen Arbeitsvertrag.

Werfen Sie einen Blick auf unseren Sympathie-Check. Uns haben diese Killerkriterien das beste Team der Firmengeschichte beschert. Hier ein Auszug aus unserem firmeninternen Do-how:

Killerkriterium 1: Fehlendes Lächeln auf dem Bewerbungsfoto

Das Betrachten des Bewerbungsfotos muss zwingend folgenden Satz auslösen: »Mit dieser Person möchte ich gerne zusammenarbeiten!« Ein Lächeln muss klar erkennbar sein.

Erfüllt er die erste Hürde nicht, erhält der Bewerber seine Unterlagen postwendend zurück. (Wann soll einer sich von seiner besten Seite zeigen, wenn nicht bei seiner Bewerbung um einen zukünftigen Job?)

Killerkriterium 2: Keine Begeisterung

Der Bewerber wird beim ersten persönlichen Kennenlernen mindestens drei verschiedenen Mitarbeitern vorgestellt. Alle drei müssen vom Bewerber begeistert sein. Sind sie es nicht, werden es die Kunden auch nicht sein.

Killerkriterium 3: Fehlender Humor

Ich erzähle im Verlauf des Gesprächs eine wirklich lustige Firmenanekdote. Eine, bei der sich bei uns in der Firma immer alle halb totlachen. Kann der Kandidat nicht ehrlich und spontan mitlachen, dann hat er entweder keinen oder einen anderen

Sinn für Humor. Ein spürbarer Humor trägt später viel zur guten Stimmung im Team bei.

Diese Kriterien sind natürlich nur exemplarisch und ersetzen die fachliche Qualifikation nicht. Wichtig erscheint mir, dass Sie Ihre Kriterien auf Ihre Kultur, Ihre Kunden und Ihre Firma hin zuschneiden. Es gibt für jedes Unternehmen maßgeschneiderte Kriterien.

5. Echtzeit

Wenn die Zeit reif ist, dann sollte man sie ernten.
Unbekannt

Damit Sie es gleich wissen:
Das Durchlesen des nächsten Kapitels kostet
Sie drei Minuten und 20 Sekunden Ihrer Zeit.
Entscheiden Sie selbst,
ob es Ihnen so viel Zeit wert ist.

Was wünschen sich Menschen, die schon alles haben? Zeit! Es ist irgendwie paradox, aber je mehr wir besitzen, desto weniger Zeit haben wir. Um viel besitzen zu können, müssen wir viel arbeiten und haben dann wiederum wenig Zeit für unsere Anschaffungen. Außerdem muss Besitztum selbst genutzt, gepflegt, verwaltet, amortisiert und ersetzt werden. Auch das kostet Zeit.

Mit Zeit können Sie in unserer Gegenwart so allerhand anstellen. Sie können sie gewinnen, vertrödeln oder gar totschlagen. Es gibt Arbeitszeit, Freizeit, Echtzeit, Auszeit. Führungskräfte haben sogar des Öfteren »keine Zeit!«, was eigentlich gar nicht möglich ist. Es gibt Menschen, die leben zeitlos, andere gehen nicht mit der Zeit, und dann gibt es noch die, die allzeit bereit sind und jederzeit Zeit haben.

Apropos Echtzeit: »Ihre Wartezeit beträgt etwa zwei Minuten«, klang es aus meinem Handy, als ich neulich die telefonische Auskunft anrief. Zwei Minuten klingt wenig, aber ich bitte Sie, wir haben es hier mit 120 Sekunden zu tun!

Woran liegt es, dass ich schon bei zwei Minuten Wartezeit nervös werde? Es liegt daran, dass ich ein Echtzeit-Mensch bin und in Echtzeit konsumiere. Und zwar Nachrichten, Börsenkurse und andere Angebote. Ich bin es nicht gewohnt, zu warten. Nur noch Ärzte können es sich erlauben, ihre Kunden in einen Raum zu schicken, der Wartezimmer heißt. Als Echtzeit-Menschen sind wir zum Multitasking erzogen worden. Einer meiner Chefs pflegte zu sagen: »Steht nicht rum. Zum Rumstehen kann ich mir Hühner halten, die legen wenigstens ab und zu ein Ei.« Damit sagte er uns auf uncharmante Art und Weise: »Zeit ist Geld.«

Unbestritten ist, dass sich die meisten Menschen mehr Zeit zur freien Verfügung wünschen. Wussten Sie,

- dass die Gesamtbevölkerung heutzutage im Durchschnitt 2,2 Stunden täglich in die Glotze schaut? Televisioning ist populärer als Mountainbiking …
- dass das Fernsehgerät die größte Zeitvernichtungsmaschine der Neuzeit ist? Die meisten Menschen schauen sieben Jahre eines Durchschnittslebens fern, um sich abzureagieren und

um abzuschalten. Wenn Sie Ihren TV-Konsum halbieren, gewinnen Sie dreieinhalb Jahre Ihrer Lebenszeit zurück. Nicht schlecht, oder?
- dass eine Studie des Stanford Institute for the Quantitative Study of Society (SIQSS) herausgefunden hat, dass sich der durchschnittliche Internetbenutzer in den USA drei Stunden täglich im World Wide Web aufhält?

Wir leben heute im Konsum-Überfluss und haben die Qual der Wahl. Wählen Sie, was Ihre Zeit und die anderer Menschen angeht, wie ein Do-hower. Nun ein paar Tipps zum Thema Zeit.

Sparen Sie Zeit für andere

Sagen Sie nie: »Keine Zeit!«, schon gar nicht, wenn Sie eine Führungskraft sind. Zeit, die Sie Ihren Teammitgliedern widmen, ist eine Investition. Es verlangt niemand von Ihnen, dass Sie immer Zeit haben müssen, doch verweigern Sie sich nicht grundsätzlich. Antworten Sie anstatt mit: »Keine Zeit!«, einfach mit: »Wann wollen wir uns sprechen?«

Wenn Sie einem Kunden ein Angebot unterbreiten, dann sollten Sie ihm nie mehr als drei Alternativen anbieten. Je mehr der Kunde wählen kann, desto weniger wird er letztendlich kaufen. Die größere Auswahl fordert dem Kunden mehr Energie und Zeit ab. Das führt zum Aufschieben der Kaufentscheidung und in vielen Fällen zum Kaufverzicht.

Als Führungskraft besteht Ihre Aufgabe zudem darin, die Zeit Ihrer Mitarbeiter optimal zu nutzen. Bedenken Sie eines: Manager bleiben uns selten wegen ihrer Projekte in Erinnerung. Oder können Sie etwa die drei letzten CEOs der Deutschen Bank aufzählen? Nein, das können Sie nicht, obwohl die Namen dieser Manager jahrelang die Zeitungen gefüllt haben. Doch bei Ihren Mitarbeitern bleiben Sie als Manager oder Chef ein Leben lang in Erinnerung. Kein Mitarbeiter vergisst jemals die Namen seiner Chefs. Weder die guten, noch die schlechten. Das sollten Sie sich bewusst machen, wenn Sie Ihre Zeit und die Ihrer Mitarbeiter verplanen ...

6. Popcorn-Persönlichkeiten

In the future, everyone will be famous
for 15 minutes.
Andy Warhol, Künstler, 1986

Hatten Sie Ihre 15 Minuten als Star schon …
oder kommen die noch? Entscheiden Sie sich
dafür, berühmt zu sein oder bedeutend?

Wie wird aus kleinen, mickrigen Maiskörnern Popcorn? Man gebe etwas warme Luft hinzu, schüttele kräftig, und schon knallt es. Zugegeben, sie schmecken recht gut, vorausgesetzt, man isst nicht zu viele auf einmal. Und seien wir ehrlich: Popcorn ersetzt nie ein köstliches Essen. Über Popcorn-Persönlichkeiten lässt sich Ähnliches sagen: Sie sind wenig gehaltvoll und werden auch durch viel heiße Luft aufgebauscht! Für Sie ist nichts unmöglich. Aber auch nichts zu peinlich:

- Lust, Ihr Aussehen zu verändern? Sie möchten dies vor laufender Kamera tun? Kein Problem! Bewerben Sie sich bei »The Swan«.
- Sind Sie ein Sternchen, das am Verglühen ist? Möchten Sie noch mal so richtig in aller Munde sein? »Holt mich hier raus, ich bin ein Star« machte genau dies möglich. Vorausgesetzt, Ihnen ist nichts zu peinlich.
- Sie möchten bekannt werden, aber nichts dafür tun? »Big Brother« filmt Sie beim Nichtstun!
- Sie sind ein arbeitsloser Manager und möchten sich vor laufender Kamera bewerben? »Hire or Fire« bietet Ihnen genau dies und, wenn Sie gewinnen, einen 300 000-Euro-Job als Kreativdirektor bei Endemol.
- Sie haben Probleme in Ihrer Ehe und möchten Ihre Frau davon überzeugen, zu bleiben? Dann »Kämpfe um Deine Frau«. Live on TV!
- Lust, einen Mann oder eine Frau zu erobern? Das TV-Format »The Bachelor«, »The Bachelorette« hilft Ihnen dabei.
- Sie haben Probleme bei der Kindererziehung? Rufen Sie doch nach der »Super Nanny«.
- Die fünfjährige Joy aus Deutschland hat das Kinderlied »Schnappi« zum Star gemacht. Als sie das von ihrer Tante auf einem Kaufhauskeyboard komponierte Lied sang, passierte zwei Jahre nichts. Dann stellte ein Freak das Lied als MP3-File ins Netz. Die Plattenfirma »Polydor« bewies Dohow und brachte eine CD auf den Markt. Das Lied verwies 2005 Robbie Williams und Kylie Minogue auf die hinteren Plätze der Hitparade und verkaufte sich hunderttausendfach.

Do-hower nutzen das Potenzial der Selbstdarsteller

Wie groß das Bedürfnis nach Selbstinszenierung wirklich ist, erfahren Sie am besten, wenn Sie sich eine der zahlreichen Talksendungen im Fernsehen anschauen. Der Fakt, dass sich junge Menschen heute selbstbewusst in Szene setzen, hat zwangsläufig auch Einfluss auf die Werte- und Organisationsstrukturen einer Firma.

Die theatralische Zurschaustellung von Gefühlen ist das Markenzeichen des Histrionikers – der Ausdruck leitet sich vom lateinischen bzw. etruskischen »histrio« ab. Das heißt Schauspieler, Gaukler und weist darauf hin, dass sich die Betroffenen oft durch auffallendes In-Szene-Setzen der eigenen Person und einen übertriebenen Ausdruck von Gefühlen äußern.

Ob sich nun Daniel Küblböck für eine RTL-Dschungelshow schluchzend in die Kakerlaken-Vitrine legt oder weniger Prominente in diversen Talkshows kameraverliebt vor dem Publikum ihr Seelenleben ausbreiten – immer ist es der gleiche Persönlichkeitstyp, der alles tut, um im Mittelpunkt zu stehen.

»Das Fernsehen bietet dem Histrioniker die heiß ersehnte Möglichkeit, sich einmal live vielen Menschen zu präsentieren«, sagt der Linzer Psychiater Klaus Schauflinger. Der Histrioniker sei bestrebt, aus seinem Leben eine Show zu machen. Der öffentliche Auftritt bringe ihm das ein, was er privat vermisse: Anerkennung und Zuwendung.

»Der Histrioniker benutzt die ganze Welt als Bühne«, so Schauflinger. Dieser Persönlichkeitstyp tritt immer häufiger auf. Von anderen Typen ist er abzugrenzen. Mit dem Narziss dürfen wir ihn nicht verwechseln: »Der Narziss will glänzen und bewundert werden, dem Histrioniker geht es hingegen um die Show und um die Selbstdarstellung.« Er bediene sich einfach einer bestimmten Masche, um Zuwendung zu erheischen. »Es sind oft verführerische, schöne Menschen, die über ihre körperliche Attraktivität wirken wollen und die fehlende Tiefe ihrer Gefühle durch Theatralik wettzumachen suchen.«

Die histrionische Persönlichkeit kann für so manchen Job jedoch auch von Vorteil sein. Schauflinger zufolge tritt sie in bestimmten Berufsgruppen gehäuft auf – vor allem in solchen, die im Rampenlicht agieren, etwa bei Schauspielern, in der Modebranche, aber auch in der Gastronomie, als Reiseleiter, als Animateur oder bei Handelsvertretern.

Nicht immer kennen junge Menschen heute noch Grenzen und feste Werte. Und oft verwechseln sie berühmt mit bedeutend und leben ihr Leben nach dem Lustprinzip. Chatten, tanzen, ausschlafen, essen, smsen. Viele über Vierzigjährige stören sich an den unzivilisierten, schlecht erzogenen Jungen. Dabei ist doch ein junger Mensch, ebenso wie früher auch schon, zu einem großen Teil das Produkt seiner Erziehung. Ein Produkt, das wir allerdings stark vernachlässigt haben. Anstatt mit unseren Kindern zu spielen, gehen wir arbeiten und überlassen die Erziehung der Kinderkrippe oder den Lehrern. Die Werte, die wir als solche bezeichnen, werden von den Eltern, also von uns, nicht mehr weitervermittelt. Inkonsequenterweise erwarten wir sie aber von den Jüngeren. Das ist nicht fair, und es ist vor allem eine Strategie, die nicht erfolgreich ist.

Stattdessen sollten wir die Eigenschaften der Jüngeren auch für unseren Arbeitsalltag produktiv machen. Dazu müssen wir wissen, dass junge Menschen I-Menschen sind:

- **I**nformell (unter Dress-Code verstehen sie eine Zugriffsberechtigung für eine Modewebsite ...)
- **I**ntensiv (alles sofort, hier und heute)
- **I**ndividualistisch (entwickeln einen eigenen Körper- und Lebenskult)
- **I**nternational (reisen viel)
- **I**nformiert (google.com sei Dank)

Genau diese Eigenschaften sollten Sie für Ihr Geschäft nutzen. Machen Sie aus den Jungen »Company Stars«, bevor sie sich bei »Music Star« bewerben. Junge Menschen besitzen in mancherlei Hinsicht wertvolle Kompetenzen.

⊕ Junge Menschen … ⊖	
sind schnell	haben noch kein großes Netzwerk
sind aufgeschlossen	bekommen häufiger Angebote von anderen Firmen
sind dynamisch/kraftvoll	haben zu wenig Feingefühl im Umgang mit Kunden und Mitarbeitern
sind unbeschwert	holen weniger gezielt Meinungen ein
sind für neue Ideen und Impulse	sind gegenüber dem Unternehmen weniger loyal als ältere
sind unabhängig und flexibel	sind respektlos gegenüber etablierten Werten
sind für neues Fachwissen und Technik	sind zu dominant, zu euphorisch
verkaufen sich gut	haben zu wenig Erfahrungen mit Problemlösungen

Überlegen Sie, welchen Mehrwert Sie erzielen können, wenn Sie in Ihrem Unternehmen diese Talente gezielt einsetzen. Wenn Sie es nicht tun, liegen Kompetenzen und Fähigkeiten brach, für die Sie voll bezahlen.

Natürlich unterscheiden sich die jüngeren von den älteren Mitarbeitern. Auch Letztere sollten Sie ihren Stärken entsprechend einsetzen:

⊕ Ältere Menschen … ⊖	
sind »parkettsicher«	sind unflexibel
sind konstant	sind risikoscheu
können Wissen und Erfahrung weitergeben	haben Angst vor Veränderung
kennen ihre eigenen Grenzen genau	fürchten Existenzbedrohungen durch Jüngere

garantieren Qualität	haben Berührungsängste mit neuen Technologien
werden weniger abgeworben als Junge	sind teurer (Lohn und Sozialleistungen)
sind dem Unternehmen gegenüber loyal	sind langsam
sind berechenbarer im Umgang	praktizieren »Rückspiegel-Denken«

Fazit: Als Arbeitgeber dürfen Sie heute von jungen Menschen nichts mehr einfach so erwarten, sondern müssen es vermitteln. Dies ist aber auch eine große Chance, vorausgesetzt, Sie denken nicht in Generationsunterschieden, sondern gehen mit dem Zeitgeist. Die »Früher war alles besser«-Nummer verhindert nicht nur das gemeinsame Arbeiten an der Zukunft, damit manövrieren sie sich auch gleich ins Abseits. Versuchen Sie stattdessen, junge Menschen zu verstehen. Nur dann haben Sie die Chance, das »Young Human Capital« gewinnbringend einzusetzen.

Bringen Sie in Ihrem Unternehmen gezielt unterschiedliche Menschen, ältere und jüngere, erfahrene und unerfahrene, zusammen und fördern Sie so das Verständnis untereinander. Erst wenn unterschiedliche Sichtweisen im Sinne der Firma genutzt werden können, generieren Sie für Ihre Firma einen Mehrwert.

7. Mitarbeiter-Betriebshandbuch

Missverständnisse sind die häufigste Form menschlicher Kommunikation.
Peter Benary, Musikwissenschaftler

Es gibt für alles Betriebshandbücher,
nur nicht für Mitarbeiter.
Weil ich ein Do-hower bin,
habe ich es trotzdem versucht.

Die Betriebsanleitung meines neuen Handys umfasst 118 Seiten. Mit dem Ding kann man alles machen, außer seinen Hund waschen. Im Gegensatz zu meinem Handy sind meine Mitarbeiter aber viel komplexer, weniger kalkulierbar, anspruchsvoller und unbestritten viel interessanter. Doch wie kann eine Führungskraft einen Mitarbeiter maßgeschneidert führen, ohne dass sie eine Bedienungsanleitung von ihm besitzt? Eine, die hilft, ihn besser zu verstehen, noch besser mit ihm zu kommunizieren und ihn somit noch zielgerichteter einzusetzen?

Ich habe aus der Handybetriebsanleitung eine Mitarbeiterbetriebsanleitung gemacht.

Vorbereitung, Seiten 4–8
In diesem Abschnitt werden Schritte beschrieben, wie das Handy in Betrieb zu nehmen ist: Es wird erklärt, wie man das »Handy zusammenbauen«, den »Akku einsetzen«, die »SIM-Karte installieren« kann.

In meiner Mitarbeiterbetriebsanleitung könnte das auf meinen Mitarbeiter bezogen heißen:

- Wie bereite ich mich auf das Gespräch mit diesem Mitarbeiter am besten vor?
- Welche Vorbereitungsarbeiten sind bei einem neuen Mitarbeiter zu erledigen?

Erste Schritte, Seiten 9–18
Diese Seiten enthalten die Hinweise zur »Verwendung des Menüs« oder zum »Telefon im Überblick«.

In meiner Betriebsanleitung für den Mitarbeiter heißt das nichts anderes, als sich damit auseinander zu setzen,

- wie dieser Mitarbeiter möglichst schnell in Ihrem Unternehmen funktionieren kann,
- dass sein Arbeitsplatz entsprechend eingerichtet ist,
- dass Aufgaben und Projekte klar und deutlich übergeben werden.

Anrufen, Seiten 19–41
Hier geht es um »Sprachsteuerung« und »Anrufoptionen«.

In Bezug auf den Mitarbeiter, mache ich mir dahingehend Gedanken darüber,

- welche Sprache ich bei ihm einsetze, und
- welche Kommunikationsmittel ich bei ihm anwende.

Bilder, Seiten 42–60
Tatsächlich, mein neues Handy hat eine integrierte Kamera und einen Videorekorder.

Das bringt mich auf die Idee, mich zu fragen, welche starken Bilder ich von meinem Mitarbeiter im Kopf habe.

- Was war sein größter Erfolg in diesem Jahr?
- Was sein größter Flop?
- Wie würde ich die Zusammenarbeit mit ihm in einem Satz oder Bild beschreiben?

Unterhaltung, Seiten 61–76
Mit dem Media-Player kann ich mir auf mein Handy Songs herunterladen, Radio hören, Ruftöne und Melodien speichern und, und, und ...

Ich frage mich:

- Wofür interessiert sich mein Mitarbeiter eigentlich? Welche Musik hört er gerne?
- Und da in diesem Kapitel auch noch das Design beschrieben ist, mache ich mir Gedanken zu seinem Erscheinungsbild (zu meinem übrigens auch ...).

Verbindungen, Seiten 77–86
In meinem Handbuch sind mit »Verbindungen« Bluetooth und Infrarot gemeint. Auch bei meinem Mitarbeiter hinterfrage ich das Beziehungsnetz.

- Jenes, das er mir beim Einstellungsgespräch als so wertvoll verkauft hat.
- Und jenes, das er in meiner Firma ausbauen soll.

Weitere Funktionen, Seiten 87–99
Hier finden sich unter anderem Zeit, Datum, Wecker oder ein Kalender.

Das übernehme ich 1:1 für mein Mitarbeiter-Betriebshandbuch und frage:

Wie viele Stunden arbeitet mein Mitarbeiter täglich?

- Wann hat er bei uns begonnen?
- Ist er pünktlich?
- Wann hat er Geburtstag?
- Wann habe ich seine Funktionsbeschreibung zum letzten Mal gelesen und optimiert?

Fehlerbeseitigung, Seiten 100–103
»Warum arbeitet das Telefon nicht ordnungsgemäß?«, so beginnt der Einleitungstext zu diesem Kapitel.

Ich frage mich im Hinblick auf meinen Mitarbeiter:

- Wie kann ich meinen Mitarbeiter noch fördern?
- Wie steht es um seine Fehlerquote?

Ergänzende Information, Seiten 104–108
In diesem Kapitel finden sich Abschnitte wie »Sicherer und effizienter Einsatz, Garantie und Entsorgung des Gerätes«.

Eine Profilanalyse zum Mitarbeiter zeichnet ein umfassendes Bild zu seinem Kommunikations- und Verhaltensstil. Dies ist eine hervorragende Grundlage zu einem toleranten Umgang miteinander. Wie soll ich meinen Mitarbeiter führen, wenn ich ihn nicht verstehe?

Apropos Entsorgung: Wenn ein Mitarbeiter Ihr Unternehmen verlässt, dann haben es beide in der Hand, ob das gut oder schlecht abläuft. In nicht wenigen Fällen trennen sich beide mit schlechten Gefühlen und bitterem Nachgeschmack. Dabei können Sie aus Ihren Ex-Mitabeitern Botschafter machen:

- Informieren Sie Ihre Mitarbeiter rechtzeitig über den Weggang eines Teammitglieds. Besprechen Sie gemeinsam, was sie sagen und wie sie es sagen. Schaffen Sie Klarheit anstatt von Gerüchten.
- Sehen Sie Ihren Mitarbeiter auch im gekündigten Arbeitsverhältnis weiterhin als volle Arbeitskraft an, und vermeiden Sie unbedingt das »Du gehörst nicht mehr zu uns«-Verhalten.

- Führen Sie ein ehrliches Abschluss-Gespräch, bei dem Sie die Zeit in der Firma auf gute und schlechte Erfahrungen resümieren. Berücksichtigen Sie die Erkenntnisse für die Zukunft.
- Geben Sie das Arbeitszeugnis und die Schlussabrechnung beim Abschlussgespräch ab. Es gibt keinen Grund für Unpünktlichkeit. Es ist einfach unglaublich, dass selbst Firmen, die eine Personalabteilung haben, nicht in der Lage sind, Zeugnisse pünktlich auszustellen.
- Offerieren Sie Ihren besten Mitarbeitern eine Abschiedsparty zusammen mit dem Team oder zumindest ein Abschiedsgeschenk. Genau diese letzte Geste nimmt der Mitarbeiter mit zum nächsten Arbeitgeber. Vielleicht fällt Ihre Verabschiedung ja herzlicher aus als die Begrüßung beim neuen Arbeitgeber.
- Schicken Sie dem Ex-Mitarbeiter an seinem ersten Arbeitstag beim neuen Arbeitgeber eine Motivations-SMS.

Symbole, Seiten 109–111

Bei meinem Handy bedeutet ein Schraubenschlüssel »Einstellungen« und ein Briefcouvert zeigt mir eine eingegangene SMS an.

Symbole haben auch im Bezug auf meine Mitarbeiter eine unheimliche Aussagekraft und Wirkung:

- Ich habe mir überlegt, welches Symbol ich jedem Mitarbeiter geben würde, und bin zu erstaunlichen Resultaten gekommen. Unter Mithilfe von Romana Hohl haben wir mit der Firma Nextage unseren Webauftritt optimiert. Romana hat jedem unserer Mitarbeiter nach einem kurzen Interview ein Tier zugeordnet und einen pfiffigen Spruch dazu geschrieben. Erstaunlich, wie gut das Tier zum Menschen und seinen Charakterzügen passt. Schauen Sie mal rein: www.nzp.ch.

Index, Seiten 112–114

Unter A finde ich Begriffe wie »Akku«, »Alarme«, »Animationen« und immer so weiter. Das Kapitel Index gibt einen alphabetischen Überblick über das Vokabular der Betriebsanleitung und die Eigenschaften des Handys. Ein Index bezogen auf meine Mitarbeiter bedeutet, dass

- ich Eindrücke und Erlebnisse, positiver wie negativer Art, sammle und dadurch einen ganzheitlichen Überblick zur Person und zu deren Verhaltensweisen bekomme. Wenn ich dies konsequent das Jahr hindurch mache, kann ich im Qualifikationsgespräch Leistungen sehr genau beurteilen.
- alle nötigen Fragen zur Person nun in meinem Mitarbeiterhandbuch stehen. Die Antworten darauf übrigens auch.

Ich habe das mal ausprobiert und dabei Erstaunliches festgestellt:

- Ich kann maßgeschneidert mit den einzelnen Teammitgliedern kommunizieren und sie so auch gezielter fordern und fördern.
- Ich verliere den Mitarbeiter nicht aus den Augen und achte bewusst darauf, in was für einer Form und Phase sich der Mitarbeiter gerade befindet.
- Missverständnisse in der Kommunikation konnten dadurch bereits verringert werden.
- Ich habe zu jedem Mitarbeiter nun ein genaues Bild, inklusive eines Beinamens und eines Symbols. Rita beispielsweise trägt den Namen »Das Gewissen der Firma«. Sie hat einen ausgeprägten Gerechtigkeitssinn. Als Symbol habe ich ihr eine Waage zugeordnet, die für einen schlichtenden Charakter steht.
- Wenn es zu Qualifikationsgesprächen kommt, habe ich eine gute Grundlage für die Gesprächsvorbereitung.

Der kleine Aufwand mit meinem Notizbüchlein lohnt sich, denn schließlich prägen unsere Teammitglieder den Erfolg unseres Unternehmens.

8. Glücksformel

Das Glück klopft öfter an die Tür, als man denkt.
Leider machen viele erst gar nicht auf.
Unbekannt

Glücklichsein ist in erster Linie eine aktive Entscheidung. Know-hower wissen das. Do-hower haben sich schon entschieden.

Beziehung, Gesundheit und Beruf prägen unser ganzes Dasein. In allen drei Bereichen problemlos durchs Leben zu kommen ist schlicht unmöglich. Irgendwo hapert es immer. Frisch verliebt und erfolgreich im Beruf, aber geplagt von Rückenschmerzen. Kerngesund, aber ohne Job und Beziehung. Wie immer Ihre persönliche Konstellation aussieht, die Chance, dass Sie mindestens bei einem der drei Punkte mit einem Problem zu kämpfen haben, ist groß. Vielleicht sogar an zwei Punkten. Oder, wenn Sie Pech haben, lesen Sie dieses Buch gerade mit Gipsbein, beziehen Arbeitslosengeld und wurden von Ihrer großen Liebe verlassen. Allerdings ist es ebenso gut möglich, dass derzeit bei Ihnen alles zum Besten steht. Dann dürfen Sie sich glücklich schätzen. Genießen Sie die Zeit, denn Sie wird nicht ewig anhalten. Schon deshalb nicht, weil Sie nicht alle Glücksfaktoren selbst bestimmen können. Eine Beziehung besteht aus zwei Menschen. Ein Arbeitsvertrag aus zwei Parteien, und Ihre Gesundheit wird von unzähligen Faktoren beeinflusst. Das Streben nach Harmonie ist erlaubt. Doch wer die perfekte Harmonie voraussetzt, wird zwangsläufig immer wieder enttäuscht. Was unterscheidet glückliche Menschen von unglücklichen? Antwort: Die Glücklichen managen ihr Glück. Die Do-hower übrigens auch!

Erfolgsmerkmale glücklicher Do-hower

Glückliche Menschen blicken nach vorne und nicht zurück. Wer nicht glücklich ist respektive sein Glück nicht laufend managt, zehrt von vergangenen Glücksmomenten. Wer andauernd in den Rückspiegel blickt, sieht nicht das Schöne, das vor ihm liegt. Do-hower ändern die Dinge aktiv und warten nicht darauf, dass sie zur Reaktion gezwungen werden. Sie wissen, dass es jeden Tag zehn Gründe gibt, das Bett erst gar nicht zu verlassen. Sie wissen aber auch, dass es noch mehr Gründe gibt, motiviert in den Tag zu starten. Sie sehen das Gute im Leben, nicht das Schlechte, und gerade eben weil sie dies tun, erfahren sie auch mehr Gutes.

Glückliche Menschen wollen nicht viel Geld verdienen, sondern streben eine ausgewogene Mischung von Geld und Zeit an. Sie genießen die Dinge, wie sie sind, ohne sie an etwas scheinbar Besserem zu messen.

Das Streben nach Glück ist legitim und sehr stark im Menschen verwurzelt. Wir sind lieber glücklich als traurig. Richard Layard hat in seinem Buch »Die glückliche Gesellschaft – Kurswechsel für Politik und Wirtschaft« eindrücklich belegt, dass Geld nur dann glücklich macht, wenn Menschen sich damit von der Armut lösen können. Dann steigt die Zufriedenheit rapide. Wer allerdings reich ist und zu noch mehr Geld kommt, bei dem verändert sich der Grad der Zufriedenheit kaum noch.

Obwohl wir immer mehr verdienen, werden wir nicht glücklicher. Ein Trend, der seit 50 Jahren anhält. In der Schweiz glauben der Zeitschrift CASH zufolge beispielsweise nur 25% der Bevölkerung, dass es ihnen besser geht als noch vor zehn Jahren. Schon Jeremias Gotthelf schrieb 1843 in seinem Roman »Geld und Geist«: »Es ist eine Eigenheit des Menschen, dass er die Größe und das Mächtige nur nach Pfunden, Zahlen, Längen und Breiten zu messen weiß, dass er fürs Geistige keinen anderen Maßstab hat.«

Die folgenden zwei Tabellen zeigen, in welchem Verhältnis Glück und gewisse Beschäftigungen zueinander stehen und dass Tätigkeiten, die uns glücklich machen, leider oftmals nicht die sind, für die wir viel Zeit haben ...

Glücks-Hitparade

Rang der angegebenen Aktivitäten	Stunden pro Tag
1. Sex	0,2
2. Sozialkontakte nach der Arbeit pflegen	1,1
3. Abendessen	0,8
4. Entspannung	2,2
5. Mittagessen	0,6
6. Sport treiben	0,2

7. Beten	0,5
8. Sozialkontakte während der Arbeit pflegen	1,1
9. Fernsehen	2,2
10. Telefonate führen	0,9
11. Schlummern	0,9
12. Kochen	1,1
13. Einkaufen	0,4
14. Computer zu Hause benutzen	0,5
15. Hausarbeit	1,1
16. Kinder umsorgen	1,1
17. Heimfahren von der Arbeit	0,6
18. Arbeiten	6,9
20. Hinfahren zu Arbeit	0,4

Zum Vergleich eine Studie aus Richard Layards Buch »Die glückliche Gesellschaft«. Ein wahrlich fantastisches Buch! Durchschnittliches Glücksempfinden bei verschiedenen Tätigkeiten auf einer Skala von 1 bis 10:

1. Sex	4,7
2. Geselliges Beisammensein	4,0
3. Entspannung	3,9
4. Meditation/Gebet	3,8
5. Essen	3,8
6. Sport/Fitness	3,8
7. Fernsehen	3,6
8. Einkaufen	3,2
9. Kochen	3,2
10. Telefonieren	3,1
11. Kinder betreuen	3,0
12. Computer/E-Mail/Internet	3,0
13. Hausarbeit	3,0
14. Arbeit	2,7
15. Pendeln	2,6

Auch die zweite Tabelle kommt zu ähnlichen Ergebnissen. Kein Wunder, dass es so viele Kochsendungen im Fernsehen gibt. Fernsehen und Kochen liegen auf Platz sieben und neun. Auch der Wellness-Boom der letzten Jahre scheint logisch, denn Entspannung und Meditation belegen Platz drei und vier. Wann kommt endlich eine Fernsehsendung, die die Lust aufs Arbeiten steigert? Die aufzeigt, wie schön arbeiten sein kann? Es ist bedenklich, dass die Arbeit auf Platz 14 steht, denn immerhin verbringt der Mensch seine längste Wachzeit mit Arbeiten.

Zum ersten Platz will ich an dieser Stelle nichts mehr hinzufügen. Außer dass im katholischen Italien dem Euripides-Institut zufolge im Jahre 2004 mit Porno-TV 247 Millionen Euro Umsatz gemacht wurden. Mit anderen Worten haben 15% der italienischen Bevölkerung einen kostenpflichtigen Pornokanal abonniert.

Leider ein Neider

»Ein Geheimnis des Glücks ist es, sich nie an Menschen zu orientieren, die erfolgreicher sind als man selbst«, schreibt Layard. Eine Begleiterscheinung unseres Glücks sind allerdings oft Menschen, die es uns nicht gönnen, glücklich zu sein. Einer unserer Kunden hat mit 44 Jahren seinen Traum verwirklicht und sich eine Segelyacht gekauft. Erfahren habe ich dies zufällig bei einem Spaziergang, als ich Zeuge des Stapellaufs seines neuen Spielzeuges wurde. Ihm war das peinlich. »Die Yacht macht mir große Freude, doch meinen Kunden gegenüber muss ich das verheimlichen, die denken sonst, ich hätte die Yacht von ihrem Geld gekauft. Du weißt ja selbst, wie viele Neider es gibt ...«

So eine Einstellung ist mir fremd. Erstens hat er das Geld ja nicht gestohlen, sondern erarbeitet. Zweitens haben seine Kunden ihn ja für seine gute Arbeit bezahlt. Er ist also lediglich für die Qualität seiner Arbeit Rechenschaft schuldig, nicht aber dafür, was er mit seinem Geld dafür kauft.

Wer sich am Erfolg der anderen nicht erfreuen kann, der wird selbst nie erfolgreich sein. Dies beginnt natürlich beim Geld. Hierzulande hat jeder Angst über Geld zu sprechen, dies vor allem deshalb, weil er befürchtet, ein anderer könnte mehr verdienen als er selbst, oder aber weil er befürchtet, dass sein Gehalt als unverschämt hoch angesehen werden könnte.

Was ist Neid und wer ist neidisch?

Psychologen sprechen Neid primär Ich-schwachen Menschen zu. Das sind Menschen, die sich selbst wenig zutrauen, jedoch alles haben möchten. Zudem geben Neider niemals zu, dass sie neidisch sind. Neid entsteht aus einer zwischenmenschlichen Konkurrenzsituation.

Um sich davor zu schützen, sollten sie sich bewusst machen, dass

- es immer einen Arbeitskollegen gibt, der mehr verdient.
- Sie immer einen Nachbarn kennen werden, der das teurere Auto fährt.
- Sie immer einen Verwandten haben werden, der die größere Wohnung hat.
- wir immer einen Freund haben, der mehr erbt.

Je mehr wir uns an dem erfreuen, was wir haben, desto wertvoller erscheinen uns diese Dinge. Wenn wir immer dem nachlaufen, was wir noch nicht besitzen, frustrieren wir uns fortlaufend, und das ist wenig motivierend.

Definieren Sie Ihr persönliches Wohlfühl-Gehalt. Streben Sie nach exakt dieser Summe, aber nicht nach mehr. Erzielen Sie doch mehr, dann legen Sie dieses Geld auf die Seite. Fragen Sie sich, nach was Sie sich wirklich sehnen.

Schätzen Sie das, was Sie haben, nicht das, was Sie nicht haben. Wer den Fokus andauernd auf andere richtet, vergeudet jene Energie, die er benötigt, um seine eigenen Ziele zu verwirklichen.

Verabschieden Sie sich von unrealistischen Besitzträumen. Definieren Sie stattdessen realistische Ziele. Seien Sie sich darüber bewusst, dass Sie für Ihre Ziele hart arbeiten müssen. Ebenso hart, wie jene dafür gearbeitet haben, die Sie für ihren Erfolg beneiden. Glück gehabt oder Glück gemacht? Do-hower sind Glücksmacher!

Sieben Anleitungen, um sich selbst glücklich zu machen:

Do-hower fällen eine Grundsatzentscheidung – Know-hower vertagen sie.
Glücklichsein ist eine Entscheidung! Der erste Schritt besteht also darin, sich für das Glücklichsein zu entscheiden. Das klingt banal und esoterisch, ist es aber nicht. Wer sich vornimmt, in erster Linie glücklich zu sein, der beginnt sein Glück zu managen. Die Alternative dazu ist, sich selbst zu bemitleiden und alles dem Zufall zu überlassen.

Do-hower sorgen für einen gesunden Körper – Know-hower möchten einen.
Es ist der einzige Körper, den Sie haben. Beim Auto wechseln Sie die Reifen, kontrollieren Öl und Wasser und saugen und waschen es jede Woche. Das ist mehr als manch einer für seinen Körper tut.

Do-hower interessieren sich nicht für die Gehälter anderer – Know-hower schon.
Denn Do-hower kennen das Wort Neid nicht. Sehen und schätzen Sie in erster Linie, was Sie haben, nicht, was andere haben.

Do-hower vermeiden lange Arbeitswege – Know-hower wissen, dass das nervt.
Vermeiden Sie einen Job, der mehr Mobilität erfordert, als Sie ertragen. Auf Flughäfen rumzuhängen und stundenlanges Autofahren ist für die meisten Menschen ein Glückskiller.

Do-hower sind Investoren – Know-hower sind Hoffer.
Warten Sie nicht darauf, dass andere Ihnen etwas Gutes tun. Machen Sie bewusst den ersten Schritt. Es ist eine Investition, die gut verzinst zurückkommt!

Do-hower entledigen sich der Altlasten – Know-hower tragen sie mit sich herum.
Verzeihen Sie Menschen, die Sie verletzt haben. Altlasten liegen schwer auf der Seele und machen unglücklich. Do-hower gehen aktiv auf andere zu und entschuldigen sich. Know-hower warten darauf, dass sich jemand bei ihnen entschuldigt.

Do-hower entrümpeln – Know-hower sammeln Güter an.
Irgendwann entdeckt jeder von uns, dass er sich viel unnützes Zeug angeschafft hat. Wir sammeln, legen ab, verschieben, ordnen und archivieren. Auf einmal bin ich umzingelt von erdrückendem, unwichtigem Kram. Beispiele gefällig?

Ich habe beispielsweise 15 Blumenvasen in meinem Haushalt entdeckt. Das sind exakt zwölf zu viel! Es ist schließlich nicht die Anzahl an Blumenvasen, die glücklich macht. Zudem war dies ein zwölfteiliger, überflüssiger Ausgabeposten. Die teuerste Vase kostete 120 Euro und hat nie Blumen gesehen.

Dann sind da noch sieben abonnierte Zeitschriften, von denen ich mindestens drei nur durchblättere, aber nicht lese. Ich kann mir diese Zeitschriften ebenso gut am Kiosk kaufen, wenn ich das Bedürfnis verspüre, sie zu lesen.

Ganz zu schweigen von meiner 100 Bände umfassenden Kochbuchsammlung. Für die hätte ich noch vor wenigen Jahren meinen rechten Arm gegeben. Jetzt habe ich sie einem Küchenchef geschenkt, der damit seine Lehrlinge beglücken kann. Und das Gute daran ist: Ich vermisse die Bücher nicht einmal, habe jetzt aber viel Platz in meinem Homeoffice.

Ach ja, da ist ja noch mein Handy. Beim Durchgehen des Nummernverzeichnisses entdecke ich Namen von Leuten, deren Nummern ich nicht mehr benötige, weil schlicht und ergreifend kein guter Kontakt entstanden ist.

Denken Sie daran: Alles, womit Sie sich umgeben (Menschen und Gegenstände), hat einen direkten Einfluss auf Ihr Wohlbefinden. Deshalb sollten Sie sich von allem trennen, was Ihr Wohlbefinden stört. Hier noch drei Tipps:

Fragen Sie sich bei jedem Kauf: »Trägt dieses Produkt oder diese Dienstleistung dazu bei, dass ich mich wohler fühle?« Alleine mit dieser Frage sparen Sie einige hundert Euro pro Jahr.

Verschenken Sie Dinge, die Sie nicht mehr benötigen, an Menschen in Ihrem Umfeld, die sich diese Dinge wünschen. Schenken macht Spaß. Bedeutend mehr Spaß, als Dinge zu horten.

Wenn Ihr Computer langsamer wird, denken Sie daran, einige Dateien zu löschen. Dies ist eine gute Gelegenheit, Ihre persönliche Entrümpelung voranzutreiben.

Als Do-hower stelle ich mir aus unternehmerischer Sicht allerdings noch einige zusätzliche Fragen zum Thema Glück: Wie kann ich in meinem Unternehmen die Erkenntnisse der Glücksforschung nutzen und umsetzen? Was kann ich tun, damit Arbeit von meinen Mitarbeitenden nicht erst als 14. oder 18. glückliche Tätigkeit angesehen wird? Wie steigerte sich die Leistung meiner Mitarbeiter, wenn die Arbeit unter den Top Five platziert wäre? Einige außergewöhnliche Antworten darauf erhalten Sie auf den folgenden Seiten.

9. Wohlfühlgehalt

The only thing I love more than money
is other peoples' money.
Danny de Vito, Schauspieler, in dem Film
»Money«, 1991

Geld scheint wichtig zu sein. Aber wie wichtig ist es für Sie? In diesem Kapitel mache ich mit Ihnen den »finanziellen Elch-Test« und sage Ihnen, was ich in den letzten zehn Jahren verdient habe. Was wollen Sie mehr?

Ich traf einmal in den Straßen Luzerns einen Bettler, der ein Schild aus Karton umgehängt hatte, auf dem geschrieben stand: »Geld macht nicht glücklich. Aber mich auch nicht unglücklich.« Ich denke, das bringt die Sache mit dem Geld auf den Punkt. Oder wie die Engländer sagen: »It never pays to be poor.«

Geld ist eine wichtige Triebfeder für das, was wir tun. Natürlich machen wir uns aus Gewissensgründen vor, dass wir von edleren Gedanken getrieben werden. Wir arbeiten hart, damit wir uns in den vier Stunden, die uns täglich noch fürs Geldausgeben bleiben, keine Gedanken machen müssen. Hart arbeiten, viel verdienen und viel ausgeben.

In den letzten Jahren hat sich eine starke Opposition zu den hohen Lohnbezügen entwickelt. Von »Abzockerei« und »Firmenraubbau« wurde da gesprochen. Ermahnungen, die wenig Wirkung zeigten. Die Presse, die in den neunziger Jahren aus CEOs noch Stars machte, schießt heute mit vollen Titelseiten auf die gleichen Manager. Das Volk, das früher noch voller Stolz auf die erfolgreichen Leader schaute, übt sich in lauter Opposition und die Gewerkschaften kritisieren die soziale Ungerechtigkeit. Eine verzwickte Situation. Lösungen sind nicht in Sicht.

CEOs, die Gehälter beziehen, die teilweise fünfhundertmal höher sind als jene ihrer Mitarbeiter, nutzen letztendlich nur das bestehende System voll und ganz aus. Ein CEO ist auch nur ein Lohnempfänger und hat auch einen Chef. In der Schweiz ist dies der Verwaltungsrat, und wenn schon, dann ist dieser anzuprangern. Er und nur er trägt die Verantwortung für die hohen Lohnzahlungen.

Manager-Gehälter, die zehnmal höher sind als die eines Mitarbeiters, sind nicht zu rechtfertigen. Weder kann ein Manager zehnmal oder gar fünfhundertmal mehr leisten als ein Mitarbeiter noch ist er fünfhundertmal intelligenter.

Ein Manager arbeitet, im Gegensatz zu einem Unternehmer, nie mit eigenem Geld, sondern immer mit dem anderer Leute. Es besteht insofern weder faktisch noch moralisch ein Anspruch auf Abfindungszahlungen bei Vertragsauflösung, weil schlicht kein Risiko abzudecken war.

Im Gegensatz zu einem Unternehmer trägt ein Manager kein Risiko. Reüssiert er nicht, verliert er allenfalls seine Stelle, und meistens sichert er sich für diesen Fall noch finanziell durch eine Abfindung ab.

Ein Unternehmer beginnt seine Laufbahn mit Schulden und einer langfristigen Perspektive. Nicht die kurzfristige Gewinnmaximierung, sondern der langfristige Erfolg steht im Vordergrund. Das bedeutet, dass ein Unternehmer immer auch am Verlust beteiligt ist, im Gegensatz zu einem Manager, der das nie ist. Ein Manager hat den Auftrag, die ihm anvertrauten Mittel im Sinne des Unternehmens einzusetzen. Das heißt, das Kapital gewinnbringend zu investieren. Nicht in sich selbst notabene, sondern in Innovationen, die dafür sorgen, dass die Firma langfristig den immer wechselnden Marktbedürfnissen standhält. Zudem sollte er das ihm anvertraute Human Capital bestmöglich einsetzen. Einsetzen wird jedoch nur allzu oft mit entlassen verwechselt. Insofern liest sich das Anforderungsprofil eines guten Managers einfach: Ein guter Manager ist einer, der

- für die Aktionäre arbeitet und diese als seine Auftraggeber ansieht und dementsprechend behandelt.
- ein Gewissen hat und sich schämt, wenn er Dinge tut, die er nicht tun sollte.
- langfristig denkt und entscheidet, weil es immer ein Morgen gibt, auch dann, wenn er nicht mehr in der Firma beschäftigt ist.
- das Wohl der Firma über alles stellt.
- neue Arbeitsplätze schafft, anstatt sie abzubauen.
- das Firmenleitbild vorlebt wie kein Zweiter und somit die Messlatte für seine Arbeitskollegen anzeigt.
- nebst Fremdsprachen die wichtigste aller Sprachen spricht: die Sprache der Kundenorientierung.
- Gewinn erwirtschaftet, diesen aber der Firma überlässt. Dort gehört er nämlich auch hin und nicht in die eigene Tasche.

Ich bin überzeugt, dass Unternehmen von innen und aus eigener Überzeugung einen Kodex schaffen müssen, wie sie die Gehaltsstruktur gestalten. Ich kann mir sogar vorstellen, dass ein diesbezügliches Zeichen an der Börse mit einem Kursgewinn goutiert würde.

Das Beispiel Bill Ford – eine der wenigen Ausnahmen

Bill Ford, Urenkel des legendären Henry Ford, verzichtete 2005 auf jeglichen Lohn für seine Arbeit. Begründung: Er habe die Ziele, die er sich beim Ford-Konzern gesteckt hatte, weit verfehlt. Er wolle so bekräftigen, dass es ihm ernst sei mit seinen Bemühungen, den Autokonzern wieder auf den Gewinnkurs zurückzubringen. Übrigens: 2004 erhielt Ford allein 22 Millionen Dollar in Form von Aktien und Beteiligungen. Mit dem Verzicht auf sein Gehalt von 1,5 Millionen Dollar setzte er dennoch ein Zeichen. Ich halte dies für eine der wenigen, rühmlichen Ausnahmen. Natürlich wird Bill deswegen nicht am Hungertuch nagen, doch er handelt dort, wo andere verhandeln.

Und wie viel verdienen Sie? Wie viel ich verdiene, verrate ich Ihnen wenige Seiten später. So viel Zeit muss sein. Doch vorher erfahren Sie noch, wie Sie als Mitarbeiter auf provokative Art und Weise testen können, ob Ihr Verwaltungsrat etwas taugt. Dieser Bericht erschien im August 2002 in meinem monatlichen, kostenlosen Innovationsletter, dem so genannten Weekly Empowerment, und warf hohe Wellen. Es schien, als hätten sich da ein paar Jungs getroffen gefühlt. Allen voran einer meiner Ex-Chefs ...

Verwaltungsräte sind auch nur Menschen

Überprüfen Sie mit folgenden acht Fragen Ihren Verwaltungsrat kritisch und bilden Sie sich Ihr Urteil!

1. Würde ich jedes Verwaltungsratsmitglied auf der Straße er-

kennen und mit Namen ansprechen können? (... und würden Sie es tun?)

2. Sind Ihre Verwaltungsräte sympathische Menschen? (Das müssen Sie sein, oder möchten Sie etwa für unsympathische Menschen arbeiten?)

3. Überlegen Sie, wie oft Sie jedes Verwaltungsratsmitglied dieses Jahr schon im Unternehmen angetroffen haben. Wenn es weniger als einmal pro Monat war, dann sollte das ein alarmierendes Zeichen sein. Fragen Sie das Verwaltungsratsmitglied beim nächsten Treffen, ob es auf einer Weltreise war.

4. Lesen Sie Ihr Unternehmensleitbild, und überlegen Sie bei jedem einzelnen Punkt, ob sich der Verwaltungsrat den Inhalten entsprechend verhält oder ob er einfach nur Wasser predigt und Wein trinkt.

5. Auf welchen Verwaltungsrat könnte das Unternehmen am besten verzichten? (Die Frage ist mehr denn je berechtigt: Schließlich verzichten Verwaltungsräte auch andauernd auf Führungskräfte. Wer weiß, vielleicht steht derzeit Ihr Name auf der Abschussliste ...)

6. Recherchieren Sie die zusätzlichen Verwaltungsratsmandate, die Verwaltungsratsmitglieder nebst Ihrem Unternehmen auch noch betreuen. Sind es mehr als fünf pro Kopf, haben Sie es nicht mit einem Verwaltungsrat zu tun, sondern mit Superman. Sprechen Sie ihn also ab sofort auch so an!

7. Kennen Sie von jedem Verwaltungsratsmitglied mindestens eine Success-Story? Mit anderen Worten: Könnte jedes Verwaltungsratsmitglied Ihnen vom Fleck weg erzählen, was es Wesentliches zum Erfolg des Unternehmens beigetragen hat? Sie vermuten nichts? Dann fragen Sie nach, das Beantworten von kritischen Fragen ist eine moralische Pflicht eines jeden Verwaltungsrates.

8. Nachdem nun die diversen Verwaltungsratsskandale bei Swissair, Kuoni und ABB in der Presse publik wurden, hat Ihr Verwaltungsrat irgendeine Reaktion gezeigt? Zum Beispiel die Honorarbezüge offen gelegt? Eine Mitarbeiterinformation zu diesem Thema veranstaltet, um Zweifel in der eigenen Firma zu beseitigen? Nicht? Dann seien Sie auf der Hut, die Chancen stehen gut, dass schon bald Ihre Firma in die Schlagzeilen gerät.

Falco hat in meinen Augen den besten Abzockersong geschrieben. Die Manager, die diesen Song an der Jahreskonferenz vor allen Mitarbeitenden abspielen können, ohne dabei rot zu werden, haben den »finanziellen Elch-Test« bestanden.

Egoist

Refrain:
Die ganze Welt dreht sich um mich
denn ich bin nur ein Egoist
der Mensch, der mir am nächsten ist
bin ich, ich bin ein Egoist

Ganz oben auf der Liste
ja da stehe ich
Du mußt mir schon verzeih'n,
aber ich liebe mich
das obwohl ich überaus und
durchaus kritisch bin
hab ich den ganzen lieben, langen Tag
nur mich im Sinn

Ich habe über meinem Bett
'nen Spiegel angebracht
damit mein eig'nes Spiegelbild
mir meinen Schlaf bewacht
und ich will niemanden wollen

nein – ich will, dass man mich will
bis ich kriege was ich brauche
halt ich niemals still

Refrain

Liebe kommt von lieben
und ich fange bei mir an
und mit ein bißchen Glück
bist eines Tages Du mal dran
ich gebe meinem Ego
täglich die spezielle Kur
nur meistens geb' ich mir gleich alles
und am liebsten pur

An jedem Tag, an dem es mein Weltbild länger gibt
erkenne ich mich selbst
und ich bin neu verliebt
die Sterne schreiben meinen Namen
in das Firmament
damit er hell in Euren Augen brennt

Refrain

Was ist er denn
was hat er denn
was kann er denn
was macht er denn
was red' er denn
wer glaubt er daß er ist?

Musik: Patrick Ehrlich/Steve Velvet
Text: Steve Velvet

Erfolg ist relativ

Ich kann mich noch gut an jene Zeiten zurückerinnern, als mein Geschäftspartner und ich uns zum ersten Mal ein Gehalt von 3000 Euro ausbezahlten. Es war die Bestätigung, auch finanziell etwas wert zu sein. Gerechter Lohn für super Leistung.

Bevor wir uns für die Selbständigkeit entschieden, verdienten wir beide umgerechnet etwa 5000 Euro monatlich. Wir gönnten uns dieses und jenes und lebten unbekümmert vor uns hin, aber wir lebten auch in der Vorstellung, es dürfte dann schon noch etwas mehr sein. Immerhin hörte man von Kollegen, dass es durchaus möglich war, bedeutend mehr zu verdienen.

Geld war für mich schon immer wichtig, und ich wollte schon als kleiner Junge mal viel Geld verdienen. Dazu stehe ich. Was mich allerdings nie interessiert hat, ist gewonnenes Geld. Geld, das ich selbst hart erarbeitet habe, hat letztendlich eine ganz andere Qualität. Wer viel Geld besitzt, der kann damit auch viel Sinnvolles tun.

Meine persönliche Gehaltsentwicklung pro Monat in den letzten zehn Jahren:

1996	1200 Euro	Ich war damals 31 Jahre jung und verdiente bis dato als Führungskraft 5000 Euro.
1997	2300 Euro	Rückblickend frage ich mich schon, wie wir über die Runden kamen. Unsere erste Mitarbeiterin verdiente mehr als mein Partner Jörg Neumann und ich.
1998	3000 Euro	Noch immer gab es Monate, an denen wir uns die Gehälter aufgrund der knappen Liquidität nur in Tranchen ausbezahlen konnten.
1999	5000 Euro	Nach vier Jahren harter Aufbauarbeit war ich gehaltsmäßig wieder dort, wo ich vor meiner Selbständigkeit war.
2000	6000 Euro	Die kritischen Jahre schienen überstanden.
2001	8000 Euro	Wir hatten – Jörg Neumann sei Dank – die Kosten im Griff.

2002	9000 Euro	Die Mitarbeiterprobleme sind bereinigt und zum ersten Mal erleben wir, was es bedeutet, wenn das ganze Team aus Talenten besteht und am gleichen Strang zieht.
2003	10 000 Euro	Bei dieser Summe war die Befriedigung vor allem die, dass es sich die Firma leisten konnte, uns dieses Gehalt auszuzahlen, nachdem alle unsere Mitarbeiter ebenfalls volle 14 Monatsgehälter ausbezahlt bekamen.
2004	11 000 Euro	... und einen Burn-out obendrauf. Geld ist wirklich nicht alles!
2005	13 000 Euro	... und die Aussicht auf eine Dividendenausschüttung! Die Frage, die sich spätestens jetzt stellt, ist die: Wie viel Geld brauche ich eigentlich, um ein glückliches Leben zu führen?

Dieser Frage bin ich schon vor Jahren nachgegangen. Und Sie? Haben Sie sich schon mal überlegt, wie die Zahl aussieht, die Sie glücklich macht? Meine Zahl ist 100 000 Euro. Mit diesem Geld bin ich mehr als glücklich und kann meiner Familie und mir alles bieten, was wir brauchen. Ich habe mich entschlossen, alles in meiner Macht Stehende zu tun, um dieses Jahresgehalt regelmäßig beziehen zu können. Erziele ich sogar mehr als das, dann investiere ich dieses Geld in neue Projekte. Projekte, die Arbeitsplätze schaffen, scheinen mir dabei am besten zu sein. Für mich gibt es keine größere Befriedigung, als zu sehen, dass durch unsere Firma andere ein glückliches Leben führen können.

Eines werde ich mit steigendem Einkommen auf keinen Fall tun: meinen Lebensstandard laufend nach oben anpassen. Als Unternehmer weiß ich, dass zu hohe Fixkosten schnell einmal zu Problemen führen. Und als langjähriger Gleitschirmpilot weiß ich: »What goes up must come down.« Bill Gates hat einmal gesagt: »Reich ist nur, wer mit seinem Geld Sinnvolles anstellt.«

Wenn du drei Jahre alt bist, bedeutet Erfolg, nicht in die Hosen zu pinkeln.

Wenn du zwölf Jahre alt bist, bedeutet Erfolg, Freunde zu haben.

Wenn du 16 Jahre alt bist, bedeutet Erfolg, Sex zu haben.

Wenn du 18 Jahre alt bist, bedeutet Erfolg, einen Führerschein zu haben.

Wenn du 35 Jahre alt bist, bedeutet Erfolg, Geld zu haben.

Wenn du 45 Jahre alt bist, bedeutet Erfolg, einen Job zu haben.

Wenn du 50 Jahre alt bist, bedeutet Erfolg, gesund zu sein.

Wenn du 60 Jahre alt bist, bedeutet Erfolg, Sex zu haben.

Wenn du 70 Jahre alt bist, bedeutet Erfolg, einen Führerschein zu haben.

Wenn du 80 Jahre alt bist, bedeutet Erfolg, nicht in die Hosen zu pinkeln.

10. Burn-out

Er kommt schleichend und schlägt dann zu,
wenn man es nicht erwartet. Wie ein Raubvogel.
Thomas Knapp, Autor

Im Radio lief »Come on baby light my fire!«.
Doch in mir selbst brannte nichts mehr.
Nicht für mich und nicht für andere.
Ich stürzte mich kopfüber in einen Burn-out.
Ein Tatsachenbericht.

Ich doch nicht! Chief Motivation Officer. Das war mein Titel in meiner eigenen Firma. Und in der Tat, ich wurde von vielen Menschen als ein solcher gesehen. Von meinen Kunden, von meinen Mitarbeitern, mitunter auch von meiner Familie. Ich spürte schon immer, dass ich diese positive Energie in mir hatte. Nur jetzt, jetzt habe ich sie nicht mehr. Jetzt, das ist der 15. Juli 2004. Neun Jahre leidenschaftlicher Firmenaufbau hatten Spuren hinterlassen. Leidenschaft ist nicht nur mein Lieblingswort, es ist meistens auch die Ursache für das Burn-out-Syndrom.

Unserer Firma ist der absolute Durchbruch gelungen. Mit Mystery Check – dem Angebot einer anonymen Überprüfung Ihrer Firmendienstleistung – und Schulungsfirma haben wir seit dem 15. Juli 2004 über 500 Kunden in 14 Ländern. Jörg Neumann, mein Geschäftspartner, und ich hatten uns Mitte 2003 entschieden, dass wir eine Auszeit nehmen. Ohne dass wir damals wussten, wie nötig wir diese Auszeit wirklich haben würden.

Und hier sitze ich nun bei meinem Arzt zum kompletten Gesundheitscheck. Etwas, das ich mir aufgehoben hatte, »wenn ich mal Zeit habe«. Und jetzt habe ich ja Zeit. Volle drei Monate.

Die Diagnose

»Sehen Sie, die Sache ist einfach ...«, beginnt mein Arzt das Gespräch, nachdem ihm alle Untersuchungsergebnisse vorliegen. »Es gibt etwa 20 Symptome für das Burn-out-Syndrom, Sie haben 21.« Was er mir gerade humorvoll vermittelte, war nichts anderes als das Krankheitsbild von CFS, Chronic Fatigue Syndrome. Oder auf Neudeutsch Burn-out. Eine emotionale, körperliche, psychische und soziale Erschöpfung.

»Fatigue heißt Müdigkeit ...«, antwortete ich, »und was immer der Rest bedeutet, mit dieser Diagnose haben Sie einen Volltreffer gelandet. Ich könnte auf der Stelle einen Monat lang schlafen und wäre noch immer müde ...«, fuhr ich fort.

Im weiteren Verlauf unseres Gesprächs wurde mir dann die Tragweite der Diagnose klar. »Ich muss Sie für mindestens drei Wochen krankschreiben. 100 Prozent!« Seine Worte tönten wie der letzte Plädoyersatz eines Anklägers, bevor sich die Geschworenen zur Beratung aus dem Gerichtssaal zurückziehen. Ich kannte bis dahin nur die anderen 100 Prozent. Ich hatte zu 100 Prozent Vollgas gegeben. Und genau das macht es so schwer, Hilfe von außen zu akzeptieren. Ich habe die Stimmen gehört, die sagten: »Pass auf Dich auf ...« oder »Mach mal Pause ...«. Doch paradoxerweise sind Burn-out-gefährdete Menschen es nicht gewohnt, sich helfen zu lassen. Burn-outer sind Selbsthelfer. Zumindest so lange, wie es geht.

Ich hatte Glück im Unglück, denn meine Burn-out-Diagnose fand am ersten Tag meiner dreimonatigen Auszeit statt. Ich habe mich quasi in eine Auszeit gerettet. Glück gehabt, denn wenn eine Diagnose Burn-out lautet und die Zeit für die Erholung nicht da ist, dann ist das schlimm. Dann heißt es improvisieren, und das auf Kosten seines Umfeldes.

Gute Absichten

Ich hatte in diesen drei Monaten quasi keine Pläne. Ich wollte die Zeit mit meiner Familie, Beatrice, Noah und Bianca verbringen. Ich wollte gesund essen und langsam leben. Dem Gras beim Wachsen zuschauen. Im Garten liegen. Nichts tun. Kinder hüten. Kein Handy, keine Agenda. Viel Wasser trinken und Gitarre spielen.

Wann, wenn nicht jetzt, konnte ich gute Absichten in Taten umwandeln? In den folgenden Wochen rief ich nur sporadisch im Geschäft an. Wann immer ich anrief, hieß es: »Alles in Butter!«, »Wir machen tolle Umsätze« oder »Was soll schon sein?« Dass ich als einer von zwei Chefs abwesend sein konnte und der Laden trotzdem lief, das wusste ich schon vorher. Wir haben einfach das genialste Team auf Erden, und das hat es mir sicher auch ermöglicht, mich entsprechend zu erholen.

Der Blick in den Rückspiegel

Während dieser Zeit suchte ich nach den Ursachen, die zum Burn-out geführt hatten. Das Wort Burn-out ist ja nur das Wort am Ende einer langen Kette. Ich wollte damit zwei Dinge erreichen: Nie mehr in meinem Leben in einen weiteren Burn-out schlittern, und mir selbst beweisen, dass ich auch in diesem Punkt lernfähig bin. Außerdem wollte ich meine Erfahrung als Führungskraft an andere weitergeben. Wenn ich in Zukunft nur einen einzigen Mitarbeiter, der noch mit mir zusammenarbeitet, vor einem Burn-out retten kann, dann ist das doch toll. Wenn ich es mir genau überlege, dann ist unsere Firma prädestiniert für Burn-outs. Bei uns arbeiten vorwiegend junge, sehr engagierte Menschen, die alle den Fokus auf ihren Beruf gerichtet haben ...

Also, wie kam es so weit? Grundsätzlich muss ich rückblickend erkennen, dass ich vieles spürte, es jedoch verdrängte. Wir Manager sind ja Weltmeister im Verdrängen. Was ich nun an Symptomen aufliste, könnte unrealistisch klingen. Doch wer beruflich derart stark belastet ist, macht alles, was nicht unmittelbar mit dem Kunden zu tun hat, zur Priorität B. Vor allem das, was einen selbst betrifft. Genau deshalb gewinnen ja viele Manager im Beruf, verlieren aber im Privatleben. Sie setzen nur auf eine Karte. Heute weiß auch ich, dass die wahre Leistung darin besteht, Beziehung, Beruf und Gesundheit einigermaßen im Einklang zu halten. Ich arbeite daran ...

Zusammengefasst sind es 17 Punkte, die ich in meiner Burn-out-Spirale durchlebte: Meine **Leidenschaft** führte zu **unrealistischen Erwartungen an meinen Erfolg.** Das wiederum zwang mich zu **übertriebenen Anforderungen** an mich selbst. Ich setzte meine **Ziele immer höher** und erreichte diese logischerweise nur noch mit einer **unmenschlichen Anstrengung.** Eine konstante **Ermüdung** von Körper und Geist war die Folge. Vor lauter **Selbstzweifel** und **Dauerstress** konnte ich mich überhaupt **nicht mehr entspannen.** Ich musste vor Rücken- und Nackenschmerzen wöchentlich zur Massage, doch die half nichts mehr. Da merkte ich, wie sich die **Signale veränderten.** Obwohl mich mein Umfeld ermahnte, etwas kürzer zu treten, **verweigerte ich jede Hilfe** und war dadurch auch **hilflos.** Eine konstante **Hoffnungslosigkeit** machte sich in mir breit, und ich bekam panische **Versagensängste.** Jetzt war der Punkt erreicht, an dem ich mir selbst **keine Perspektive** mehr gab und an meinem **Lebenskonzept zweifelte.** »Was mache ich hier eigentlich?«, fragte ich mich jedes Mal, wenn ich todmüde ins Bett sank. Ich wusste, ich war wie ein Auto, bei dem der Tempomat auf 120 km/h programmiert ist, und irgendwo dort vorne kommt unausweichlich die Schranke. Ich wusste nur nicht genau wann. **Dann brach ich zusammen.**

In den letzten acht Monaten vor der Diagnose litt ich an einem konstanten Erschöpfungszustand. Ich fühlte mich immer müde. Ich schlafe selten mehr als sechs Stunden und bin normalerweise trotzdem nicht übermäßig müde. Doch diese Müdigkeit war anders.

Sie war auch dann noch da, wenn ich zehn Stunden geschlafen hatte. Ich kam morgens einfach nie auf Touren, und abends konnte ich nicht entspannen und nicht mehr einschlafen. Manchmal lag ich im Bett, starrte an die Decke und ertappte mich dabei, dass ich an nichts dachte. »An was denkst du?«, fragte mich meine Freundin oft. An nichts, an rein gar nichts. Nicht an dich, nicht ans Geschäft. Einfach an nichts. Und ab und zu überkam mich in solchen Situationen eine Depression. Ich bemitleidete mich und wusste nicht warum. Mir liefen die Tränen, und ich wusste nicht weshalb.

Zu dieser Müdigkeit gesellte sich noch eine Lustlosigkeit. Ich und lustlos!? Doch ich war kaum mehr in der Lage, Sport zu treiben oder einer vernünftigen Freizeitbeschäftigung nachzugehen. Meinen Hintern auf ein Mountainbike zu schwingen kostete mich unglaublich viel Überwindung. Das Gefühl, trotz hohen Einsatzes in der Firma keine (für mich) befriedigenden Ergebnisse mehr zu erzielen, ließ jede Anstrengung sinnlos erscheinen. Ich nahm in den letzten Monaten fünf von 75 Kilo ab. Ich litt an konstanten Muskel- und Gelenkschmerzen, die mir das Gefühl gaben, ich hätte eine Grippe. Aus der Angst heraus, ich könnte mich tatsächlich erkälten, was bei der Geschäftsbelastung fatale Folgen gehabt hätte, lief ich selbst bei frühsommerlichen Temperaturen noch mit einem Schal in der Gegend herum. Ich schwitzte oder fror. Wohl war mir jedoch nie. Kopfschmerzen hatte ich früher selten. Nun andauernd. Nicht sehr starke, aber dafür konstant. Ich hatte das Gefühl, mich selbst nicht mehr zu kennen. Wer bin ich? Was möchte ich? Fragen, auf die ich keine Antworten fand.

Meine Reizschwelle wurde immer tiefer. Kein löbliches Verhalten für einen, der sich den Titel Chief Motivation Officer auf die Visitenkarte setzte.

Magen-Darm-Krämpfe hatte ich auch ab und zu. Vor allem aber litt ich an Appetitlosigkeit. Selbst nach einem Tag Hochleistung und nichts zu essen hatte ich noch immer keinen Hunger. Ich aß aus beruflichen Gründen drei- bis viermal pro Woche im Restaurant. Wenn ein Kellner nur schon mit der Speisekarte unter dem Arm auftauchte, wurde mir schlecht. Einmal musste ich sofort vom Tisch aufstehen und mich auf der Toilette übergeben.

In den letzten zwei Monaten meiner »Verdrängungszeit« kamen noch zwei etwas spezielle Symptome hinzu: Ich litt an einer Gesichtsfeldeinschränkung, die sich darin äußerte, dass ich den Alltag tunnelmäßig wahrnahm. Ich sah nur noch das Zentrum meines Blickfeldes, nicht aber das Drumherum.

Was aber noch viel schlimmer war: Ich litt an einer Vergesslichkeit, die schon dramatische Züge annahm. Ich vergaß Aufgaben, Namen, Gesichter, Termine und vieles mehr in immer kürzer werdenden Abständen. Ein Wunder, dass ich nicht noch meine Auszeit verpasste ...

Das Schlimmste an allem war jedoch das Gefühl, dass es keinen Weg mehr gab, meine Ressourcen aufzubauen. Mein Akku war so leer, leerer ging es gar nicht mehr.

Zwei Monate später ...

... war ich wieder zurück und das, was man »fit« nennt. Es dauerte bei mir zwei Monate, um mich so weit zu erholen, dass ich das Gefühl hatte, ich selbst zu sein, und bis sich wieder eine unbändige Lust in mir entwickelte, die Welt zu erobern. Ich wollte nichts mehr als meine Kollegen wieder im Geschäft unterstützen und meinen Geschäftspartner entlasten, neue Projekte initialisieren, Kunden glücklich machen und tausend andere Dinge. Doch ich wusste, dass mich genau diese Energie wieder dahin bringen würde, wo ich nun herkam. Deshalb musste ich versuchen, meine bisherige Lebensplanung etwas zu beeinflussen.

1. Ich höre auf meinen Körper. Die aufgelisteten Symptome nehme ich ernst und verdränge sie nicht. Ich habe nicht nur ein Frühwarn-System, ich nutze es auch!
2. In meiner Agenda sind gezielt und konsequent Erholungs-Oasen eingeplant. Kinder, Familie, Sport, Ausgehen wurden zu unumstößlichen Terminkalendereinträgen.
3. Ein jährlicher, umfassender Gesundheitscheck ist ebenfalls terminiert. Mir ist klar, dass ich bei dem Arbeitspensum mit meinem Körper »Spitzensport« betreibe.

4. Ich nutze bei den vielen geschäftlichen Hotelübernachtungen immer auch den Fitnessraum und gönne mir ab und zu eine Massage.

Den wohl wichtigsten Punkt haben Jörg Neumann, mein Geschäftspartner, und ich gemeinsam festgelegt. Als Erkenntnis aus unserer Auszeit haben wir in unserer Firma folgenden Benefit in alle Mitarbeiterverträge aufgenommen:

Wer volle vier Jahre in unserer Firma arbeitet, hat Anrecht auf zusätzliche 30 bezahlte Urlaubstage. Diese müssen allerdings am Stück genommen und zum Zweck der Erholung verwendet werden.

Das kostet uns eine Stange Geld und beschert uns einen nicht unerheblichen organisatorischen Mehraufwand. Doch wir haben uns folgende Frage gestellt: »Was geschieht, wenn wir es nicht tun?«

Obgleich wir heute bei allen Mitarbeitern konsequent auf deren Arbeitsweisen und Arbeitspensen achten (und diese wenn nötig beeinflussen!), ist die Mitarbeiterauszeit ein Beitrag zur Burn-out-Prävention. Schließlich wollen wir leuchtende und nicht ausgebrannte Mitarbeiter ...

Nur zum Schlafen nach Hause? Das mache ich jetzt nicht mehr! Ich habe letztendlich einen Burn-out gekriegt, weil ich arbeitssüchtig wurde. Viele Manager sagen es nicht selbst, hören es aber gerne über sich: »Sie sind ein Workaholic.« Sucht ist, wenn wir ohne etwas nicht mehr sein können. Das ist mit dem Alkohol so, und das ist mit der Arbeit genau so. Für mich ist die Bezeichnung »Workaholic« die Vorstufe zu Burn-out. Was einen Workaholic noch vom Burn-outer unterscheidet, ist seine körperliche und mentale Widerstandskraft. Ein Workaholic mag derzeit noch über die Runden kommen, doch der Grat zum Burn-out ist so schmal, dass die kleinste zusätzliche Belastung das Fass zum überlaufen bringen kann.

Deshalb schlage ich vor, dass Sie sich dem Thema Burn-out mit einem Workaholic-Test nähern.

Workaholic-Quick-Check

Selbst-Check: Wer sechs oder mehr der folgenden Fragen mit Ja beantwortet, ist ein Workaholic:

- Machen Sie mehr Überstunden als andere in Ihrer Firma/Abteilung?
- Arbeiten Sie regelmäßig abends/nachts oder an den Wochenenden?
- Lesen Sie fast ausschließlich Bücher/Artikel, die mit Ihren Arbeitsthemen zu tun haben?
- Arbeiten Sie heimlich – zum Beispiel in der Freizeit/im Urlaub?
- Denken Sie häufig an Ihre Arbeit – auch nachts?
- Haben Sie Schuldgefühle im Zusammenhang mit Ihrer Arbeit?
- Gebrauchen Sie Ausreden, weshalb Sie arbeiten?
- Arbeiten Sie hastig und sind ungeduldig oder aggressiv gegen andere?
- Vernachlässigen Sie Ihre Ernährung?
- Beschweren sich Ihre Mitmenschen (Partner, Freunde, Familie) darüber, dass sie zu kurz kommen?
- Erledigen Sie Aufgaben, die unter Ihrem Niveau liegen, oder machen Sie sich künstlich Arbeit?
- Lässt Ihre Leistung nach, und überhören Sie Anspielungen auf Ihre Überarbeitung?

Auszeit oder Ausrede?

Der Fachbegriff für eine Auszeit heißt »Sabbatical« und kommt vom hebräischen »schabbat« und heißt übersetzt »ruhen«. Genau dies sollten Sie ab und zu tun. Gut, nicht jede Firma ist vielleicht in der Lage oder willens, ihren Mitarbeitern eine Auszeit zu bezahlen. Doch selbst dann sollten Sie eigenverantwortlich handeln und beispielsweise beim nächsten Stellenwechsel eine Auszeit einplanen.

Auf meine eigene Auszeit gab es viele Reaktionen, und ich habe viele Zuschriften erhalten. Viele Manager haben mir gestanden, dass sie auch schon immer gerne eine Auszeit genommen hätten, dass das aber aus diversen Gründen nicht ginge. Die zwei meistgenannten Ausreden waren:

»Ich kann mir eine Auszeit nicht leisten!«
Oft fehlt es an Mut, sich von Gewohnheiten und Annehmlichkeiten zu trennen. Das ist zwar nachvollziehbar, gilt aber nicht als Ausrede. Die meisten können sich schon vom Verkauf ihres Fahrzeuges eine Weltreise leisten! Vergessen Sie bitte nie, dass es in diesem Land viele Menschen gibt, die mit 2000 Euro eine vierköpfige Familie ernähren müssen.

»Ich ruiniere mit einer Auszeit meine Karriere!«
Wollen Sie der Menschheit weismachen, dass sie keine zwei Monate auf Ihr Talent verzichten kann? Spätestens wenn Sie ausgebrannt sind, kommt Ihre Karriere ohnehin ins Stocken.

Wiederum andere haben gesagt, dass es ihnen schwer fallen würde, die Zeit sinnvoll zu nutzen. Mit so viel Zeit müssten sie, nachdem sie jahrelang für nichts Zeit hatten, ja erst einmal umgehen können. Nichts leichter als das!

Falls Sie nicht wissen, was Sie mit so viel Zeit anfangen sollen, habe ich hier 78 Vorschläge für Sie:

- von Berghütte zu Berghütte wandern
- einen handyfreien Tag einlegen
- früh aufstehen und den Sonnenaufgang bestaunen
- mit einer Harley eine Passfahrt machen
- einen leidenschaftlichen Liebesbrief schreiben
- einen Obstbaum pflanzen
- mit einem Berufsfischer einen Tag auf dem See verbringen
- einen Waldspaziergang machen
- bei Regen joggen gehen
- ein entspannendes Bad nehmen
- in aller Ruhe ein Buch lesen

- zwei Tage lang keine Zeitung lesen und keine Nachrichten hören
- jemanden besuchen, der schon lange nichts mehr von einem gehört hat
- die Landkarte studieren und eine Reise in eine noch unbekannte Gegend planen
- für ein Wochenende das teuerste und schönste Hotel in der Stadt suchen und buchen
- mit Delfinen im Meer schwimmen
- im Great Barrier Reef tauchen
- Wale in freier Natur beobachten
- mit Haien tauchen
- Fallschirm springen
- Heißluftballon fahren
- in einem Kampf-Jet mitfliegen
- eine Safari machen
- die Nordlichter bestaunen
- mit einer Person Frieden schließen
- eine Kuh von Hand melken und die frische Milch trinken
- einen ganzen Tag in der Bibliothek verbringen
- an einem Wochentag bereits um 18 Uhr ins Kino gehen
- mit dem Patenkind den Zoo besuchen
- dem Nachbarn einen Überraschungsbesuch abstatten
- mit der eigenen Mutter einen Kaffee trinken
- einem Menschen ein nettes Kompliment machen
- den ausländischen Nachbarn von nebenan am Heiligabend zu sich nach Hause einladen
- Erdbeeren pflücken und daraus selbst Konfitüre machen
- über den Inca-Trail nach Machu Picchu wandern
- die Sydney Harbour Bridge besteigen
- auf einer tropischen Insel Urlaub machen
- ein Formel-1-Auto fahren
- raften
- auf der Chinesischen Mauer spazieren
- Bungee jumpen
- auf Kanadas Rocky-Mountaineer-Trail reiten
- nichts tun

- mit dem Helikopter durch den Grand Canyon fliegen
- mit dem Orient-Express in den Urlaub fahren
- die Antarktis entdecken
- die Lieblingsmusik auf eine CD brennen
- auf einer Farm arbeiten
- den Mount Everest besteigen
- die Galapagos-Inseln entdecken
- durch einen Regenwald wandern
- mit einem Pferd ohne Sattel den Strand entlangreiten
- mit einem Kamel um die Pyramiden reiten
- mit dem Transsibirien-Express von Moskau nach Wladiwostok fahren
- den Sonnenuntergang am Ayers Rock bestaunen
- mit einem Segelboot durch die griechischen Inseln segeln
- den Kilimandscharo besteigen
- über einen Vulkan fliegen
- eine Hundeschlitten-Tour machen
- über einen Gletscher wandern
- Achterbahn fahren
- Hochseefischen
- Gleitschirm fliegen
- in Augusta Golf spielen
- Tiger in der Wildnis erleben
- den Cresta Run in St. Moritz herunterfahren
- Disney World in Florida besuchen
- in Las Vegas spielen
- Orang-Utans in Borneo beobachten
- eine Kreuzfahrt machen
- schlafen
- ins Theater gehen
- ins Museum gehen
- eine Oper hören
- sich an den Niagara-Fällen verloben
- ein Bild malen
- Termalquellen auf Island besuchen
- die sieben Weltwunder aufsuchen

Diese Vorschläge für Beschäftigungen in einer Auszeit stammen von meinen Leserinnen und Lesern des Weekly Empowerment. Nutzen Sie diese Vorschläge oder besser noch: kreieren Sie Ihre eigenen.

Ein weiterer Beitrag zu einem stressfreieren Leben könnte ein Butler sein. Darauf hat mich der Rapper Puff Daddy gebracht. Fiktion oder schon bald Realität? Urteilen Sie selbst!

11. Puff Daddy's Butler

Wer klug zu dienen weiß, ist halb Gebieter.
Publilius Syrus, Lustspieldichter,
1. Jh. v. Chr.

Wir steuern goldenen Zeiten entgegen.
Vorausgesetzt, Sie sind flexibel genug,
die Chancen auch zu nutzen.

Der Butler des Rappers Puff Daddy soll einem Pressebericht zufolge 1,2 Millionen Euro jährlich verdienen. Als ich dies in der Zeitung las, da wusste ich, dass wir goldenen Zeiten entgegensteuern. Allerdings dürfen nur jene Menschen das so sehen, die bereit sind, gewisse Dienstleistungen zu erbringen, die die meisten nicht erbringen können oder wollen. Unter gewissen Dienstleistungen verstehe ich all jene Dinge, für die die meisten entweder keine Zeit, keine Lust oder keine Begabung haben.

Butler arbeiten in großen Privathaushalten der gehobenen Gesellschaftsklasse. Sie sind für das gesamte Haushaltsmanagement verantwortlich, leiten das Personal, organisieren den Haushalt und erledigen administrative Arbeiten. Als selbstbewusste Dienstleister bieten Butler ihre Dienste in den Villen von Aristokratinnen und Industriellen in Windsor, Beverly Hills, Monaco und anderen Wohnorten der Highsociety an. Um in solchen Häusern angestellt zu sein, müssen sie bestimmte Kriterien erfüllen.

Anforderungsprofil an einen Butler:

- das Mindestalter beträgt 17 Jahre, das Höchstalter 60 Jahre
- gute Schul- und Allgemeinbildung sind gefragt
- sehr gute Kenntnisse der englischen Sprache, Fremdsprachenkenntnisse in Französisch und weiteren Sprachen sind vorteilhaft
- es werden PC-Kenntnisse erwartet
- das Durchschnittsgehalt eines ausgebildeten Butlers beträgt etwa 60 000 Euro pro Jahr (Puff Daddy hat also seinen Butler massiv überbezahlt ...)

Eine Dienstleistung für die oberen Zehntausend?

Viele Mitarbeiter haben in den verbleibenden vier Stunden Freizeit keine Lust, auf gewisse Annehmlichkeiten zu verzichten. Fragen Sie in Ihrem Unternehmen nach, wer bei sich zu Hause bereits eine Putzfrau beschäftigt. Seien Sie nicht erstaunt, wenn Sie dabei feststellen, dass diese Dienstleistung bereits von 25-Jährigen in Anspruch genommen wird, die alleine in einer Dreieinhalbzimmerwohnung leben. Was früher den oberen Zehntausend vorbehalten war, gönnen sich nun auch viele gut verdienende Youngster. Kein Wunder, denn schließlich fehlt es in vielen Fällen nicht an Geld, sondern an Zeit. Das Gleiche gilt für Tätigkeiten wie

- Gartenarbeit
- Autowaschen
- Kinderhüten
- Wohnungsreinigung
- Einkaufen
- Hemdenbügeln
- Kleiderwaschen
- Kochen

Eine Frage: Wie viel wären Sie bereit, Ihrem Butler (natürlich hieße sie oder er nicht so!) zu zahlen, wenn sie alle diese Dienstleistungen von einer einzigen Person erhalten würden, die darüber hinaus noch gut kochen kann? Die Ihnen auf Wunsch jeweils an einem Tag Ihrer Wahl ein Menü zu Hause kocht und intelligenter Gesprächspartner ist, reisen bucht, Kinokarten besorgt, das Auto in die Werkstatt bringt? 2000 Euro pro Monat? Mehr?

Sie denken, das sei alles nicht machbar? Ich sage: »Warten Sie ab.« Sie fragen sich: »Was soll ich noch tun, wenn mein Butler alles tut?« Ich sage: »Leben!«

Wir werden uns daran gewöhnen, dass Angestellte Angestellte haben werden. Dies betrifft vor allem die gut verdienenden Talente, die Lust haben, ihre vier Stunden Freizeit nach ihren Wünschen zu verbringen.

1960 arbeiteten in der Schweiz 53% aller Arbeitskräfte in der Industrie. Heute sind 72% in der Dienstleistungsbranche tätig. Und das Erstaunliche ist, dass wir noch lange nicht genug Arbeitskräfte finden, um gewisse Dienstleistungen abzudecken.

Die Politiker beginnen bereits, Vorschläge zu machen, wie dieser Dienstleistungsnotstand zu beheben ist. Hier einige Vorschläge von Politikern, wie der Dienstleistungsengpass (in Wahrheit ist es ein großes Loch, das immer größer wird) zu bekämpfen sei:

- Rentner sollen bis ins Alter von 70 Jahren Sozialdienst leisten.
- Patienten sollen künftig von Verwandten gepflegt werden.
- Eine halbe Million Arbeitslose übernehmen in Deutschland für den Stundenlohn von 1 Euro Hilfsdienste bei der Stadtreinigung, in Pflegeheimen und Krankenhäusern.
- In der Schweiz wurde schon vor Jahren versucht, aus Asylanten Kellner zu machen.

Alle Vorschläge haben eines gemeinsam: Sie basieren auf Zwang und werden genau deshalb nicht funktionieren. Hoteliers oder Gastronomen werden niemals einen Menschen dazu zwingen können, als Kellner zu arbeiten, in der Hoffnung, dass er ein Wohlfühlmanager für ihre Gäste wird.

Wir müssen es schaffen, Dienstleistungen attraktiv zu verkaufen. Dazu muss das Gebiet der Dienstleistung zunächst einmal selbst verändert und attraktiv gemacht werden. Das erreichen wir im Wesentlichen durch drei Dinge:

- Der Arbeitgeber muss eine attraktive Braut werden, für die zu arbeiten sich lohnt (nicht finanziell, sondern emotional!).
- Die Dienstleistung muss neu definiert werden. Um beim Kellner zu bleiben: Wer diesen Beruf heute noch verkauft, als wäre es ein Job, bei dem hauptsächlich Teller an Tische geschleppt würden, der ist in der Branche wie beim 110 Meter-Hürdenlauf bereits bei der ersten Hürde gestrauchelt.
- Die Dienstleistung muss besser, attraktiver verkauft werden. Dazu gehört vor allem auch das Aufwerten der Arbeit an sich. Puff Daddy's Butler lässt grüßen.

Es werden in den nächsten Jahren unzählige Möglichkeiten und Chancen am Dienstleistungshimmel auftauchen. Berufe, für die es heute nicht mal einen Namen gibt, werden morgen gefragt sein. Schön, wenn Sie von diesen Leistungen profitieren können. Noch schöner, wenn Sie als Butler Millionär werden.

Was früher die Karriere vom Tellerwäscher zum Millionär war, ist heute die Karriere vom Arbeiter zum Individualisten. Die Frage ist nicht mehr, ob ich viel weiß, sondern ob ich genug kann. Jeder ist eine Marke und jeder kann ein Vermögen scheffeln, wenn er ein Do-hower ist.

12. Schrittzähler oder Schrittmacher

Wollen Sie warten, bis das Human-Resources-Team
Ihren Geschmack getroffen hat, oder möchten Sie schon mal
anfangen, für sich selbst etwas zu tun?
Martin Zurbriggen, Wellness-Trainer und Autor

Führen Sie ein er-fülltes oder ein ge-fülltes Leben? Heute haben Sie noch die Wahl zwischen Schrittzähler oder Schrittmacher. Über das gestörte Gleichgewicht zwischen Leben und Arbeit und was wir uns selbst Gutes tun können.

Die Produktivität eines Menschen hängt stark mit seinem persönlichen Wohlbefinden zusammen. Das Gleichgewicht zwischen Körper und Psyche, oft als Work-Life-Balance bezeichnet, ist die große Herausforderung der Zukunft. Nur der, dessen Körper und Psyche im Einklang sind, bleibt produktiv, und nur wer produktiv bleibt, ist bis ins hohe Alter vermittelbar. Und das ist wichtig. Denn wie wollen Sie sonst ein schönes Leben leben und gleichzeitig Ihren Lebensabend finanzieren? Arbeit kommt bei vielen Menschen einer Überarbeitung gleich, und das produziert ein gestörtes Gleichgewicht zwischen Arbeit und Freizeit.

Als Bianca, meine Tochter, zur Welt kam, gratulierte mir die Hebamme mit den Worten: »Ihr Baby hat eine Lebenserwartung von 100 Jahren!« Dieser Satz geht mir seither nicht mehr aus dem Kopf. Denn er löst Folgefragen aus.

Wie lange muss ein Mensch arbeiten, wenn die Lebenserwartung bei 100 Jahren liegt? Mit dem heutigen Sozialsystem heißt das doch, dass Bianca mit 80 Jahren noch arbeiten wird, damit sie die letzten 20 Lebensjahre als Pensionärin verbringen kann.

Ist unser Körper überhaupt dazu geschaffen, 60 Jahre lang zu arbeiten in einem Umfeld, das die Menschen viel mehr psychisch als physisch fordert? In einem Umfeld, in dem Burn-out und Mobbing schon heute fixe Bestandteile sind. Wurden wir für 40 E-Mails pro Tag konzipiert?

Woher schöpft der Mensch die Motivation, mit 55 nochmals eine Karriere zu starten? (Bis vor kurzem haben unsere Eltern und Großeltern in diesem Alter ihre Karriere beendet ...)

Wenn ein heute geborenes Kind eine Lebenserwartung von 100 Jahren hat, dann heißt das doch nichts anderes, als dass es mindestens bis zum 70. Lebensjahr arbeiten muss. Wenn Sie Ihren aktuellen Arbeitsstil betrachten, können Sie sich dann vorstellen, 50 bis 60 Jahre genau so weiterzumachen?

Der ständig anhaltende Leistungsdruck macht vielen Menschen zu schaffen. Gute Ergebnisse zu liefern, täglich auf hohem Niveau zu arbeiten, das fordert seinen Tribut.

Führungskräfte haben es schwerer, ein harmonisches und gesundes Leben zu gestalten, denn sie arbeiten in der Regel länger und leben damit leider auch ungesünder. Die damit verbundene Verkürzung der Erholungszeit führt zu einem Ungleichgewicht zwischen Körper und Psyche. Führungskräfte haben heute selten mehr als vier Stunden Freizeit pro Tag. Es sei denn, sie kommen mit weniger als fünf Stunden Schlaf aus.

Vorbild sein ist eine der meistgenannten Anforderungen an Manager. Doch sind sie das auch in puncto Work-Life-Balance? Gute Manager werden immer mehr auch zu Lebensberatern für ihre Mitarbeiter. Wenn Sie schon einmal einen Burn-out hatten, dann sollten Sie Ihre Mitarbeiter davor schützen. So tragen Sie viel zur Produktivität und vor allem auch zur Motivation Ihres Teams bei. Nur dann ist das Human Capital, das Ihnen als Führungskraft zur Verfügung gestellt wird, auch richtig investiert. Um das zu erreichen, benötigen Sie allerdings mehr als nur Fachkompetenz. Sie brauchen Lebenserfahrung. Sie brauchen Do-how! Nur so können Sie die unweigerlichen Konsequenzen, die ein Ungleichgewicht mit sich bringen, verhindern. In der Schweiz wurden schon heute alarmierende Zahlen zu diesem Thema festgestellt.

Knapp acht Millionen Schweizer gaben 2002 dem Branchenverband der Schweizer Krankenkassen – »Santesuisse« – zufolge 220 Millionen Franken für rezeptpflichtige Antidepressiva aus. Seit 1995 ist der Umsatz auf 54 Millionen angestiegen, hat sich also vervierfacht. Und in der *Neuen Luzerner Zeitung* vom 11. September 2004 war zu lesen, dass in der Schweiz 5% der Bevölkerung in psychiatrischer oder psychotherapeutischer Behandlung sind. Besonders bedenklich ist dabei, so Richard Layard, dass die Zahl der Fälle mit steigenden Einkommen zunimmt.

Zudem schätzt die Weltgesundheitsorganisation WHO, dass sich das Krankheitsbild der schweren Depression bis zum Jahr 2020 zur zweithäufigsten Krankheit nach dem Herz-Kreislauf-Leiden entwickelt.

Einer Umfrage der *NLZ* zufolge liegt der Anteil der männlichen Schweizer Erwerbstätigen, die am Arbeitsplatz unter starkem psychischem Druck leiden, der zu körperlichen Beschwerden führen kann, bei 47%. Der Anteil der weiblichen Schweizer Erwerbstätigen bei 41%.

Die Firmenkultur hat maßgeblichen Einfluss auf die Produktivität Ihrer Mitarbeiter. Nur in Unternehmen, in denen menschliche Ressourcen als Wettbewerbsvorteil erkannt werden, können Mitarbeiter ihre Work-Life-Balance-Rezepte auch verwirklichen. Je besser Mitarbeiter in ihrer Arbeitswelt brillieren, je flexibler wird das Management auf ihre Lebenswünsche reagieren und umgekehrt.

Dass die Dinge einer stetigen Veränderung unterworfen sind, war schon immer so, heute geschehen Veränderungen allenfalls schneller. Durch Passivität kann ich keine Veränderung stoppen, durch ständiges, aktives Handeln aber Veränderungen zu meinen Gunsten mitgestalten.

Woher kommt eigentlich der Ausdruck Work-Life-Balance? Man könnte meinen, Arbeit und Leben wären zwei verschiedene Dinge. Ist nicht Arbeit einfach ein Teil des Lebens, genau wie Familie, Freunde, Sport und vieles mehr? Bei der Work-Life-Balance gibt es kein generelles Richtig-oder-falsch, sondern lediglich ein auf die Situation und die persönlichen Ziele bezogenes Mehr-oder-weniger-gut. Diese Erkenntnis ist im Umgang mit Menschen besonders wichtig. Ob Sie Kaffee oder Tee oder sonst was zum Frühstück trinken, interessiert niemanden. Wie Sie sich gegenüber anderen verhalten, aber schon.

Weder Ihr Chef noch die Mitarbeitenden oder Ihre Familie bestimmen ihren Tagesablauf zu 100% selbst. Bei den einen ist der Alltag mehr fremdbestimmt als bei andern. Nutzen Sie den Freiraum, den Sie haben, und entscheiden Sie zu Ihren Gunsten.

Tipps für Safer-Stress

Um sich den Stress vom Leibe zu halten, benötigt es keine Wundermittel, sondern immer wieder Maßnahmen, die den Lebens- und Arbeitsphasen angepasst sind. Diese können noch so banal sein, Hauptsache sie helfen. Eigentlich ...

... versuchen Manager, die Balance zu halten zwischen Beruf, Beziehung und Gesundheit. »Ich sollte unbedingt mehr Sport treiben ...«, sagen sie, oder: »Ab nächster Woche widme ich mehr Zeit meiner Familie ...« Sie kennen diese Sätze. Selbst wenn der Sport- oder Familien-Termin als Priorität in Ihrem Terminkalender steht, scheint es für kurzfristig einberufene Sitzungen oder plötzlich aufgetauchten Papierkram eine noch wichtigere Priorität zu geben. Eine Woche später hören Sie sich dann sagen: »Eigentlich wollte ich ...«

Lesen Sie hier meine Do-how-Tipps für weniger Stress und mehr Spaß.

Laufen Sie davon

Zugegeben, davonlaufen ist meistens keine gute Lösung. Bei Stress allerdings schon. Wenn ich merke, dass das Fass droht überzulaufen, laufe ich einfach aus dem Büro und mache einen kleinen Spaziergang. Das kommt bei mir glücklicherweise nicht allzu oft vor, aber wenn, dann komme ich jedes Mal beruhigt und erleichtert ins Büro zurück. Erleichtert, dass ich einmal mehr über mich selbst gesiegt habe.

Setzen Sie einen Tagesakzent

Prioritäten setzen heißt Stress vermindern. Schreiben Sie die drei wichtigsten Tagesarbeiten nach Prioritäten auf und erledigen Sie diese fokussiert. Lösen Sie sich von der Wunschvorstellung, dass Sie alle anstehenden Arbeiten erledigen können. Ich selbst gebe meinem Tag öfter einmal einen Namen. Beispielsweise »Aquisetag«, »Aufräumtag« oder »Motivationstag«.

Mut zum Papierkorb

Angesammeltes Papier stresst schon durch seine Präsenz! Entrümpeln Sie Ihren Arbeitsplatz jeden Monat, indem Sie den Papierkorb zwischen Ihre Beine nehmen und vernichten, was nicht wichtig ist. Zum Beispiel Presseartikel, die Sie lesen wollten, wenn Sie mal Zeit haben. Wenn der Bericht wichtig gewesen wäre, dann hätten Sie ihn bereits gelesen. Also: Weg damit!

Tun Sie etwas für sich persönlich

Schreiben Sie mal täglich eine handgeschriebene Postkarte an jemanden, der garantiert keine Postkarte von Ihnen erwartet. Sie lenken sich damit von der Routinearbeit ab und aktivieren laufend bestehende Kontakte. Das, was von dieser Aktion zurückkommt, wird Sie bereichern.

Surfen Sie durch den nächsten Urlaub

Lenken Sie sich ab, indem Sie an Ihren nächsten Urlaub oder Ihren nächsten Wochenendausflug denken. Besuchen Sie die entsprechenden Websites, informieren Sie sich über den Zielort und über mögliche Aktivitäten, und steigern Sie damit konstant die Urlaubs-Vorfreude. So erreichen Sie eine Urlaubsverlängerung.

Familientermine sind genauso wichtig wie Berufstermine

Die Familie ist für viele Menschen unbestritten eine starke Kraftquelle. Beruflicher Erfolg auf Kosten des Privatlebens ist keine Leistung, auf die Sie stolz sein können. Oder aber umgekehrt: Eine harmonische Beziehung auf Kosten des Arbeitslebens bringt selten die volle Zufriedenheit. Nur wer es schafft, auf beiden Seiten erfolgreich zu sein, hat es geschafft. Es erstaunt mich immer wieder, wie Führungskräfte alles auf die Karte »Beruf« setzen und dann abends alleine in ihrer schicken Wohnung in die Glotze schauen.

Essenszeit ist Ferienzeit

Nicht nur was Sie essen, ist wichtig, sondern auch wie und wo. Genießen Sie diese Stunde und lassen Sie sich keinesfalls während dieser Zeit noch zusätzlich stressen. Beispielsweise in einem überfüllten Lokal mit schlechtem Service, wo das Bezahlen ewig dauert. Nehmen Sie mindestens drei Mahlzeiten zu sich.

Bleiben Sie auch Egoist

Wer andere verwöhnen möchte, der muss auch sich selbst verwöhnen können. Reservieren Sie jede Woche Zeit für sich selbst.

Das Burn-out-Syndrom entsteht auch deshalb, weil gewisse Menschen immer anderen geben, was sie selbst dringend bräuchten.

Planen Sie verlängerte Weekends

Entweder managen Sie die Agenda oder die Agenda wird Sie managen. Tragen Sie deshalb für jedes Quartal verlängerte Weekends mit Priorität A in Ihren Kalender ein. Wenn Sie dies nicht tun, werden Sie immer feststellen, dass sie, wenn Sie sich Zeit wünschen, keine mehr haben.

Behandeln Sie Privattermine wie Geschäftstermine

Ein Kunde verzeiht es Ihnen nicht, wenn Sie ihn versetzen. Ihr privates Date auch nicht. Die Auswirkungen sind bei beiden gleich: Liebesentzug und schlechte PR. Beides können Sie sich nicht leisten.

Aufbrausen, Aufregen & Co.

Sie brauchen drei Fähigkeiten, um ruhig zu bleiben:

- Gelassenheit, die Dinge hinzunehmen, die Sie nicht ändern können.
- Mut, Dinge zu ändern, die Sie wirklich ändern können.
- Weisheit, das eine vom anderen zu unterscheiden.

Handyfreie Zone

Beherrschen Sie das Handy oder das Handy Sie? Definieren Sie Zeiten, zu denen Sie Ihr Handy konsequent ausschalten. Beispielsweise 12 bis 13 Uhr oder 19 bis 20 Uhr. Was nämlich stresst, ist das aufleuchtende Display, auf das Sie doch immer gucken, sobald Sie eine Nachricht erhalten.

Freude herrscht!

Freuen Sie sich nicht nur an eigenen Erfolgen, sondern auch an den Erfolgen anderer. Gehen Sie auf Kunden und Mitarbeiter zu und gratulieren Sie ihnen, oder sprechen Sie Komplimente aus. Sie legen so den Grundstein für die »Retourkutsche«.

Think positive!
Halten Sie sich jeden Tag mindestens einmal vor Augen, wie gut es Ihnen geht. Suchen Sie täglich nach den Dingen, über die Sie sich wirklich freuen können. Lächerlich? Dann fragen Sie sich jetzt bitte, wie die Alternative aussieht.

Sagen Sie Nein!
Ein »falsches Ja«, das Sie viel Zeit und Energie kostet, schadet mehr, als ein »professionelles Nein«. Schaffen Sie sich Freiräume durch gezieltes Neinsagen. Zum Beispiel: »Nein, ich kann Dir zu diesem Projekt bis morgen früh kein Feedback geben. Wie wäre es mit übermorgen?«

10 000 Schritte am Tag
Machen Sie täglich mindestens 10 000 Schritte an der frischen Luft. An einem normalen Bürotag kommen sie auf etwa 2500 Schritte. Einen Schrittzähler erhalten Sie übrigens ab 7 Euro. Herzschrittmacher ab 6000 Euro.

13. Workatainment

Let me entertain you!
Robbie Williams

Entdecke die Möglichkeiten
für die bestmögliche Form des Arbeitens.
Das Leben ist schließlich mehr
als eine Beschäftigungstherapie.

Arbeit wird immer mehr auch zu Entertainment. Dass Arbeit Spaß macht, klingt wie Spott für jene, die morgens aufstehen, um Geld zu verdienen und dann schnell wieder nach Hause gehen, um ihren Hobbys zu frönen. Do-hower haben längst erkannt, dass arbeiten auch Entertainment bedeutet. Sie möchten unterhalten und selbst unterhalten werden. Und nach der Arbeit (dafür bräuchten wir dringend ein neues Wort!) erholen sie sich vom Entertainment mittels ... Entertainment.

Arbeit ist lebenswichtig. Arbeit bietet den Menschen Struktur und gibt ihnen ein gutes Selbstwertgefühl. Zudem fühlen sich arbeitstätige Menschen sozial eingebunden. Wer ohne Arbeit ist, ist in der Regel tief unglücklich.

Die große Herausforderung besteht darin, den Menschen die Lust an der Arbeit zu vermitteln. Dazu sollte sich jeder Chef einmal vor Augen führen, was Mitarbeiter heute wirklich wollen, nämlich

- sich mit dem Unternehmen und ihrer Arbeit identifizieren.
- einen Chef, der nicht perfekt ist, jedoch nachvollziehbare Entscheidungen trifft.
- eigenen Input einbringen und Mitspracherecht bei Entscheidungen haben.
- sinnvolle Arbeit tun.
- persönlichen und beruflichen Respekt erfahren.
- das Gefühl haben, in einer Gemeinschaft integriert zu sein.
- Wertschätzung erfahren, für das, was sie sind, und das, was sie tun.
- ihr Know-how in die Arbeit einbringen.
- Perspektiven für berufliche und menschliche Weiterentwicklung erkennen.
- das Gefühl vermittelt bekommen, dass das Leben nicht nur aus Arbeit besteht.
- eine motivierende Arbeitsatmosphäre.
- Entwicklungsmöglichkeiten und Perspektiven.

Es lohnt sich, als Führungskraft die Welt um sich herum wahrzunehmen. Schließlich hat der Lifestyle jener Menschen, die wir führen, einen Einfluss auf unser Führungsverhalten. In der Tat: Es hat sich viel geändert in den letzten Jahren.

Am besten erkennen wir dies bei den Themen Frauen und Beruf und Familie: »Ich bin doch nicht den ganzen Weg gegangen, um nun einem Mann die Unterhosen zu waschen ...«, erklärte mir unlängst eine 35-jährige Marketingfachfrau. Willkommen im Zeitalter der Emanzipation und Individualität. Frauen haben sich in den letzten Jahren emanzipiert und ihren Lebensstil dem der Männer angepasst. Sie verdienen heute, wenn auch mancherorts leider immer noch nicht genauso viel wie die Männer, ein gutes Gehalt. Sie kriegen oft erst zwischen 30 und 40 Jahren Kinder – oder entscheiden sich ganz dagegen – und investieren genauso viel in Ausbildung und Karriere wie Männer. Diese Entwicklung wurde in den letzten Jahren stetig vorangetrieben. Auch die Art des Zusammenlebens hat sich dadurch verändert. Mann und Frau leben in Lebensgemeinschaften zusammen, und Frauen können genauso hedonistisch und vor allem egoistisch leben wie Männer, weil sie finanziell unabhängig sind und es sich leisten können.

Mal ein Wellness-Weekend im Luxushotel, mal mit dem Camper durch Schweden. Eine neue Marketingzielgruppe hat sich da aufgetan und schnell genug fand sich dafür auch ein Name: Die DINKS waren geboren. »Double Income No Kids«, das heißt natürlich auch mehr Kaufkraft pro Haushalt. Und das bedeutet schnell einmal zwei Laptops und zwei Autos. Es heißt aber auch zwei Leben. Das klassische, über hunderte von Jahren zelebrierte Familienleben zerbröckelte, und dies während einer einzigen Generation. Eine Frau, ein Mann, glücklich verheiratet, zwei Kinder, haben einen »Renault Espace« vor dem Einfamilienhaus und ein »SLK« in der Garage. Alles nur noch Mythos aus vergangenen Tagen. Die Banken sind mittlerweile die Einzigen, die mit dieser Idylle werben ...

Das Glück dieser Dekade definieren viele anders. Individueller. Egoistischer. Die Emanzipation der Frau hat ihren Preis für die Männer. Emanzipieren heißt nämlich auch liberalisieren. Denn natürlich sind Frauen nicht mehr gewillt, ihre selbst finanzierte Karriere für einen Job als »Kinder betreuende Raumpflegerin« zu opfern. Individualität hat ebenfalls ihren Preis: Individualismus bedeutet Isolation. Wir arbeiten jeden Tag mit vielen Menschen zusammen. Knüpfen Kontakte, um neue Geschäftsbeziehungen zu gewinnen, und sitzen dann abends alleine zu Hause.

Dazu kommt, dass durch die größere Arbeitsbelastung auch die Beziehung immer mehr belastet wird. Zwölf Stunden arbeiten heißt letztendlich (bei acht Stunden Schlaf) vier Stunden Freizeit. Vier Stunden, die es aufzuteilen gilt in Investition in die Beziehung (sprechen, lieben, gemeinsame Interessen) und Gesundheit (Fitness, Sport, Wellness). Das gemeinsame familiäre Mittagessen, die gemeinsamen Wochenenden, die Besuche bei Verwandten, all das, was wir aus unserer Jugend noch kennen, hat im Leben von heute keinen Platz mehr. Trennungen sind einfacher möglich. Dafür leben Paare heute aber auch viel früher zusammen und können so ihre Erfahrungen in Partnerschaften sammeln. Die häufigen Trennungen und das daraus folgende Singledasein werden oftmals durch Konsum- und Luxusgüter kompensiert. Gut verdienende Singles schaffen sich einen Mikrokosmos der Ruhe und der Individualität und leben ein Leben nach eigenem Gusto in ihrer Viereinhalbzimmerwohnung für 2000 Euro. Und schon ist die nächste Marketingzielgruppe am Entstehen: Willkommen im Zeitalter der DINS, wie diese in dem Buch »Karaoke Kapitalismus« genannt wird. Die Abkürzung steht für »Double income no sex«. Doppelt so viel verdienen wie andere, aber kein Sexleben zu haben, ist eine unausgewogene Bilanz.

»Aber was interessiert mich das als Führungskraft ...?«, werden Sie jetzt denken. Doch gerade darin, seine Umwelt und deren fortwährende Entwicklung zu verstehen, liegt die große Herausforderung. Selbst wenn Sie nicht zu den DINS gehören, so sind Sie von solchen umgeben. Mit genau diesen Menschen dürfen Sie heute Ihre unternehmerischen Ziele erreichen, und Sie tun gut daran, Ihre Führungsaufgabe als Lebensberater zu verstehen. Es wird das Einzige sein, was Sie Ihren Mitarbeitenden noch als effektiven Wert verkaufen können. Geben Sie Lebens-Do-how weiter:

Bringen Sie Erfahrungen ein

Bringen Sie Ihre Erfahrungen ein und helfen Sie mit, dass andere davon profitieren können. Zeigen Sie auf, wie wichtig eine intakte Beziehung für Spitzenleistungen am Arbeitsplatz ist.

Do-how fürs schwierige Mitarbeitergespräch

Wenn Sie einen Mitarbeiter zu einem Gespräch zitieren, weil er aufbrausend ist, dann sollten Sie ihn nicht nur ermahnen, sondern ihm aufzeigen, wie er sein Temperament besser in den Griff kriegt. Beispielsweise mit einer Schneekugel: Schenken Sie Ihrem Mitarbeiter eine und geben Sie ihm den Tipp: »Immer wenn du merkst, dass dein Temperament gleich mit dir durchgeht, dann schüttle die Kugel und warte, bis der Schnee sich gelegt hat.«

Dieser Tipp hat sich in der Praxis bestens bewährt, wie mir einige Seminarteilnehmer bestätigt haben.

Do-how fürs Verkaufsmeeting

Wenn einer Ihrer Verkaufsmitarbeiter seine Zahlen nicht bringt, dann sollten Sie ihn nicht noch bloßstellen, indem Sie beim Verkaufsmeeting vor allen Kollegen aufzeigen, dass er hinter der Budgetvorgabe zurückbleibt. Machen Sie lieber vor, wie er seine Ziele erreicht. Gehen Sie mit ihm zum Kunden, seien Sie einen halben Tag beim Telefonieren dabei und lassen Sie diesen Mitarbeiter von Ihren Erfahrungen und Ihrem Do-how profitieren.

Do-how für die Gesundheit

Wenn Sie bemerken, dass einer Ihrer Mitarbeiter Burn-out-gefährdet ist, weil alle Zeichen dafür sprechen, dann gehen Sie frühzeitig auf ihn zu und helfen ihm, sich untersuchen zu lassen. Oder schenken Sie ihm zumindest das Buch von Thomas Knapp »Burn-out«, das ihm aufzeigt, was das Burn-out-Syndrom ist und wie er sich davor schützen kann.

Die meisten Chefs merken schon, dass mit ihren Mitarbeitern etwas nicht stimmt, doch Sie schauen tatenlos zu, bis es zum Crash kommt.

Do-how für richtiges Neinsagen

Oft fragen Kunden nach Produkten oder Leistungen, die Sie ihm gerade nicht bieten können. Entweder ist das Produkt nicht mehr verfügbar oder aber nicht in der gewünschten Größe oder Anzahl vorhanden. Bevor Sie vorschnell ein Nein aus Ihrem Mund zaubern, sollten Sie an ein Sandwich denken. Das besteht aus drei Teilen: aus **Brot**, in der Mitte aus **Fleisch** und obendrauf wieder **Brot**. Oder in der Feedback-Sprache ausgedrückt: Aus einem **positiven Einstieg**, dem **Neinsagen** und einem **positiven Gesprächsabschluss**. Ein Beispiel: Herr Klein hat sich für die Kaffeemaschine Enduro entschieden – diese ist jedoch momentan nicht lieferbar! Als Verkäufer sind Sie nun aufgefordert, eine Nein-Botschaft zu übermitteln:

Positiver Einstieg

»Eine gute Wahl, Herr Klein!«

Nein sagen

»Durch die große Nachfrage kam es beim Modell Enduro zu Lieferverzögerungen. Deshalb ist die Maschine bis am 15. Oktober nicht lieferbar.«
(und ohne Pause gleich weiter ...)

Positiver Abschluss

»Was ich Ihnen jedoch anbieten kann, ist das Model Columbia – es ist von den Leistungen her identisch. Besonderer Vorteil: Bei diesem Modell können Sie aus fünf verschiedenen Farben auswählen. Oder aber Sie warten bis Mitte Oktober, dann ist auch Ihr Wunschmodell wieder lieferbar. Was ist Ihnen lieber?«

Lesen Sie weiter, aber wundern Sie sich nicht. Im nächsten Kapitel beschreibe ich, wie mich mein eigener Verkäufer bei Ebay zur Ersteigerung ausschrieb.

14. Chef zu ersteigern

Wer einmal das Außerordentliche erfahren hat,
kann sich nicht mehr
mit dem Normalen zufrieden geben.
Daniel Zanetti

Verschicken Sie noch Mails,
oder werden sie schon angerufen?

Früher kauften Menschen Produkte meistens aus rationalen Überlegungen. Draußen war es kalt und deshalb benötigte ich einen Pullover. Heute kaufen wir einen Pullover, um cool auszusehen, wohl wissend, dass im Kleiderschrank drei Pullover sind, die einem noch passen, die wir aber nicht mehr modisch finden. Die Emotionalität hat die Rationalität besiegt. Das Kollektiv ist dem Individuum gewichen. Die Frage lautet: Wer bietet Produkte an, die sexy sind? Emotionen haben immer Vortritt! Das sind natürlich Bad News für prozessorientierte Manager, deren rechte Hirnhälfte in den letzten Jahren selten aktiviert wurde.

Im Wesentlichen gilt es heute, die Träume der Kunden in Geld zu verwandeln. Doch wovon träumen unsere Kunden? Wovon träumen Sie selbst?

Vom Glücklichsein?
Von einer Traumfigur?
Vom ewigen Leben?
Von Reichtum?
Von der ewigen Jugend?
Von der wahren Liebe?
Von traumhaftem Sex?
Von unbegrenzten Abenteuern?

Wenn Sie Produkte anbieten, die mit diesen Träumen im Zusammenhang stehen, dann haben Sie eine gute Ausgangslage. Die Frage lautet: Träumen Ihre Kunden schon von Ihnen? Und wenn ja, sind es Albträume oder Motivationsträume?

Chef bei Ebay zu ersteigern

Der jeden Freitag von mir verschickte Newsletter Weekly Empowerment ist ein erfolgreiches Kundenbindungs-, Verblüffungs- und Verkaufsinstrument geworden. Woche für Woche verschicken wir an tausende von Abonnenten diesen speziellen Innovationsletter. Freitag für Freitag. Do-how statt Know-how.

Für mich ist das jeweils eine bereichernde Wochenendarbeit geworden. Da ich aber freitags bei Kunden unterwegs bin, verschickt unser Marketingleiter Ralph Hubacher diesen Newsletter. Über die Weihnachtstage schrieb er mich bei Ebay zum Verkauf aus. Mindestangebot 1 Euro. Ralph Hubacher schrieb ins Ebay-Angebot:

> »Sachen gibt's. Da schafft es unser Chef das ganze Jahr lang, Freitag für Freitag ein Weekly Empowerment zu schreiben, doch bei der letzten Ausgabe geht's schief. Errare humanum est. Doch ich stehe nun vor einer leeren Vorlage. Wissend, dass diese E-Mail in vier Stunden an 13 000 Führungskräfte verschickt werden soll.
> Was soll ich tun? Das Weekly Empowerment einfach ausfallen lassen? Seinen Schreibstil kopieren? Oder ihn verblüffen?
> Was mich schon lange interessiert: Wie viel mein Chef wirklich wert ist.
> Heutzutage können wir alles via Ebay ersteigern. Vom Ferrari bis zur Gitarre. Vom Taschenmesser bis zur CD. Bequem online. Darum habe ich bei Ebay ein Angebot verfasst!«

Die Folge der E-Mail war, dass während der zehntägigen Auktion 35 Firmen um mich steigerten. Am 27. Dezember um 10 Uhr MEZ ging ich dann für 3501 Euro als Artikelnummer 3861322955 über den Ladentisch. »Gekauft« wurde ich von den Best-Western-Hotels in Deutschland.

45 Personen schickten mir eine Mail und gratulierten mir (?!) für diese gelungene Aktion. Darunter viele Marketingprofis. Ein Leser fand die Aktion »menschenverachtend« und »doof«.

Ralph Hubacher, der Initiator dieser Idee, erhielt in der Folge drei konkrete Stellenangebote.

Nun, Ralph Hubacher hat das Richtige getan. Er hat neue Wege in der Vermarktung »seines Produktes« gesucht ... und gefunden. Insofern muss ich mich nicht wundern, sondern freuen. Er tut genau das, wozu wir unsere Kunden seit neun Jahren ermutigen: neue Wege beschreiten.

Ralph Hubacher hatte mit seiner Aktion zwei Bedürfnisse der Kunden erfüllt: den Exklusivitätsanspruch (»den Zanetti gibt es nur für mich«) und das Kauferlebnis (das Ersteigern war spannend).

Es geht gar nicht darum, günstig zu sein, sondern anders. Manfred Kets De Vries hat einmal gesagt: »Entweder du machst einen Input oder du wirst ein Output.« Wir sind gezwungen, uns laufend neu zu bewähren und zu inszenieren. Wer dies unterlässt, wird in der Infotainment-Flut der Wirtschaft Schiffbruch erleiden. Es gibt zwar Garantien auf Produkte, aber nicht auf den Arbeitsplatz.

15. Get talented or move out of the way

Es genügt nicht, große Eigenschaften zu haben;
man muss auch mit ihnen wirtschaften können.
Unbekannt

Eine Frage, die sich jeder stellen muss:
»Was erzählt mein Kunde heute Abend
zu Hause über mich?«
Also dann, stellen wir uns ihr einmal.

Mittelmaß gewinnt nie. Die Zukunft gehört jenen Menschen, die immer wieder versuchen, die bestehenden Regeln zu brechen und neue, vor allem aber bessere, aufzustellen.

»Talent makes Capital dance«, schrieben die Autoren Ridderstrale und Nordström in ihrem Buch »Funky Business«. Talente, wahre Talente, wirken wie Magnete auf gute Firmen. Talent fällt im heutigen Arbeitsmarkt hauptsächlich durch seine Seltenheit auf. Und was selten ist, das hat seinen Preis.

Wer keines hat, gehört zur Manipulationsmasse. Morgen noch viel mehr als heute. Ein ganz normaler IT-Techniker, ein Sachbearbeiter ohne Spezialkenntnisse, ein Taxifahrer – alles Arbeiter, die ohne spezielles Talent dem Preiskampf ausgeliefert sind und die um kümmerliche Lohnprozente kämpfen müssen. Dabei werden sie von Gewerkschaften unterstützt, die mit massiv sinkenden Mitgliederzahlen zu kämpfen haben. Wahrlich keine erbaulichen Aussichten für Menschen, deren Talent es ist, zu arbeiten.

Machen Sie, was Sie wollen, aber sorgen Sie dafür, dass Sie in dem, was Sie tun Weltklasse sind. Sie sichern sich so ein Ticket für Ihren Höhenflug.

Wir hegen keine Zweifel, dass in einer globalen Welt die so genannte Arbeiterklasse zur Maniplationsmasse mutiert. Für ein Bauprojekt in Zürich werden Sanitärinstallateure gesucht. Wie wird sich ein Unternehmer entscheiden, wenn er für dieses Projekt 50 Arbeiter benötigt und die Wahl hat zwischen Schweizern zu einem Monatsgehalt von 3000 Euro oder aber qualifizierte Arbeitskräfte aus dem Osten Deutschlands zu 2000 Euro? Wie, wenn er Fachkräfte erhält, die topmotiviert sind, weil sie nun endlich wieder Arbeit haben und so richtig hungrig darauf sind, zwölf Stunden am Tag zu arbeiten, um einen guten Eindruck zu hinterlassen und sich für weitere Aufträge zu empfehlen? Fiktion? Keinesfalls, willkommen im Jahr 2006. Willkommen in einer Welt, in der ein Klempner aus Dresden für 69 Euro nach Zürich zur Arbeit fliegt.

Menschen mit Arbeiterstatus werden sich immer mehr den Preis in Form von Lohn aufdiktieren lassen müssen. Gewöhnen Sie sich schon einmal an folgende Worte. Die Chancen, dass Sie sie öfter zu hören kriegen, stehen gut: »Sie können den Job haben, aber zu diesen und jenen Konditionen …«

Das Einzige, was Sie von Sätzen wie diesen fernhält, ist Talent. Talent ist das, was Sie in die Position bringt, Ihren Preis dem Markt aufzudiktieren. Erinnern Sie sich? Der Trainer der Do-hower erhält keinen Lohn, er verlangt eine Gage!

Ich behaupte, dass die meisten Menschen ein ganz besonderes Talent haben, es jedoch nie entdecken oder aber nicht fördern. Das hat viel damit zu tun, dass wir in Bezug auf unsere Talente oft sehr nachlässig sind. Wir spüren, dass wir etwas besonders gut können, stellen damit im Leben aber nichts an. Dumm gelaufen, kann ich da nur sagen.

Jeder Mensch hat die Möglichkeit, sein Talent zu entdecken, an sich zu glauben, hart daran zu arbeiten und es vor allem gut zu vermarkten. Denn: Schlimmer als kein Talent zu haben ist, Talent zu haben, es aber nicht zu vermarkten. Talente diktieren den Preis und werden für die besten Firmen zu unverzichtbarem Kapital. Auch die Lohnmodelle, wie wir sie kennen, haben ausgedient.

Bei Bewerbungsgesprächen haben uns Bewerberinnen und Bewerber oft so beeindruckt, dass wir sie meistens gleich engagieren wollten. Einige davon haben wir eingestellt und dann schmerzlich festgestellt, dass deren größtes Talent es ist, sich vorzustellen. Solche Fehler sind teuer, und wir sind gut damit beraten, sie nicht zu wiederholen. Lesen Sie hier fünf Merkmale, an denen Sie wahre Talente erkennen:

(Arbeits-)Zeit ist relativ!

Talente vergessen bei der Arbeit Zeit und Raum. Sie vertiefen sich voller Leidenschaft in ihre Projekte und machen erst eine Pause, wenn diese abgeschlossen sind. Ob sie acht, zehn oder 14 Stunden gearbeitet haben, wissen sie oft nicht einmal, und es interessiert sie auch nicht. Was im Vordergrund steht, ist immer die Leidenschaft für den Job, und die hört nicht um 18 Uhr auf.

Visionen!
Talente haben immer eine klare Vorstellung, was sie in einem Team und in einer Firma erreichen wollen. Sie arbeiten akribisch an kleinen Etappen, sehen aber immer glasklar das große Ganze vor Augen. Sie werden Ihnen zu jedem Zeitpunkt sagen können, für wen und an was sie arbeiten. Visionäre arbeiten nicht zum Zeitvertreib, sondern zum Zielerreichen.

Fokus!
Für manche Menschen ist nicht das ganze Drumherum interessant, sondern nur jener Teil des Jobs, der den wahren Talenten entspricht. So leidenschaftlich sich solche Menschen in ihren Kernbereichen einsetzen, so extrem vernachlässigen sie andere Bereiche. Priorität A oder Z, aber dazwischen gibt es nichts. Richtige Talente richten den Fokus auf das ganze Projekt und stimmen ihre Arbeit mit der ihrer Kollegen ab. Es gilt, ein in sich stimmiges Ganzes zu schaffen und nicht einzelne Glanzleistungen zu betonen, die aus der durchschnittlichen Masse herausragen.

Geld ist zweitrangig!
Menschen, die eine besondere Begabung besitzen, können Sie nicht mit Geld motivieren. Obwohl sie wissen, dass sie ihren Preis haben, werden sie immer zuerst über die Arbeit, die Perspektiven, Freiheiten und Ziele sprechen – und dies mit Leidenschaft.

Freiraum ist wichtig, nicht der Prozess!
Talente suchen das Optimum (nicht das Maximum!) an Freiräumen, um die Arbeit zu erledigen. Kreative Mitarbeiter können Sie nicht in starre Strukturen, Prozesse eingliedern und auch nicht »verreglementieren«.

Wenn Sie genau hingucken, dann entdecken Sie in jeder zweiten Firmenbroschüre und in jedem Leitbild das Wort Innovation. »Wir sind ein innovatives und zukunftsorientiertes Unternehmen.« Als Kunde suchen Sie in vielen Unternehmen, die von sich behaupten, sie seien innovativ, die Innovationen vergebens. Nichts als leere Versprechungen. Erst kürzlich habe ich einen Hoteldirektor gefragt: »Was ist an oder in Ihrem Hotel innovativ?« Er antwortet mir: »Wir haben eine Tiefgarage mit direktem Zugang zum Hotel.« Ich antwortete: »Ach, Sie sind das!«

Was Innovation wirklich bedeutet und was auf keinen Fall innovativ ist, darüber schreibe ich im nächsten Kapitel.

16. Tote Hose im Heidiland

Es gibt Menschen in diesem Lande,
die hätten auch am Morgenrot etwas auszusetzen.
Wenn sie früh genug wach wären.
Unbekannt

Den Deutschen und Schweizern gehen
die Innovationen aus wie den Taxifahrern
die Deodorants. Was muss denn noch
passieren, bis sich hierzulande jemand bewegt?

Wenn Leute wissen müssten, was Innovation bedeutet, dann die Schweizer und die Deutschen. Nie um ein »Ihr müsst halt nur ...« verlegen, reißen die Know-hower die Mäuler auf. Dabei müsste doch nur einmal jemand aufstehen und auch etwas tun. Die Wirtschaft wächst kaum, das Pro-Kopf-Einkommen sinkt. Trotz allem muss einer, der viel in der Welt umherreist, feststellen, dass es Deutschen und Schweizern sehr gut geht. Gerade in der Schweiz ist kaum ein Leidensdruck zu spüren. Der Lebensstandard ist immer noch sehr hoch. Keiner muss auf Urlaub verzichten. Rezession in der Schweiz bedeutet zwei Wochen Griechenland anstelle von drei Wochen Bali.

Vordergründig stellt man fest: Die Leute arbeiten viel, aber sie erarbeiten wenig. Sie frönen einem Know-hower-Leben und mutieren nicht zu Do-howern. Viele führen ein ausschließlich dicht gefülltes Leben, jedoch ohne Ziel und ohne Vision.

Alle Ressourcen liegen uns zu Füßen, aber wir machen so wenig daraus. In vielen Branchen liegt das Geld auf der Straße, aber wir sind zu faul und zu träge geworden, es auch aufzuheben.

Wenn hierzulande einer eine neue, außergewöhnliche Idee hat, dann wird er erst einmal schief angeguckt, ausgelacht oder ignoriert. Mut ist eine Tugend, die sich nur noch eine kleine Elitetruppe von Managern auf die Flagge schreiben darf.

Zahlen zeigen, wie es um unseren unternehmerischen Mut bestellt ist: In der Schweiz sind 89% aller Erwerbstätigen Angestellte. Nicht einmal jeder zehnte arbeitsfähige Mensch ist ein Unternehmer.

Ähnlich verhält es sich in Deutschland: Dort verdienen 90% der Erwerbstätigen ihren Lohn als Angestellte. 10% sind Unternehmer. In der Schweiz sind lediglich 35% der Bevölkerung Hausbesitzer. In Deutschland immerhin 45%.

Schafft es dann trotzdem jemand, erfolgreich zu sein, dann wird er verhöhnt und mit neidischen Blicken nur so eingedeckt, anstatt dass ihm von Herzen gratuliert wird. Ich weiß, wovon ich spreche. Wenn ich Seminare und Vorträge zum Thema Kundenverblüffung gebe, dann lächeln mich die einen an und denken, ich sei ein lustiger Typ mit kuriosen Ideen. Andere wiederum erkennen die Chance für sich selbst, geben sich aber damit zufrieden, es zu wissen. Und dann sind da noch die wenigen, die dann auch mal was ausprobieren. Solche, die das Risiko auf sich nehmen.

Risikobereitschaft

Sich einen kleinen Gewinn zu sichern sei mehr wert, als die Aussicht auf einen großen Nutzen, der mit einem Risiko verbunden ist, denken viele. Es scheint, als seien Menschen prinzipiell risikoscheu.

Doch wir scheuen in erster Linie nicht die Risiken, sondern die Verluste. Das ist ein kleiner, aber treffender Unterschied und gilt für reiche wie für arme Leute gleichermaßen. Wer mehr besitzt, der kann eben auch mehr verlieren.

Dieses risikoscheue Verhalten macht sich vor allem im Change Management negativ bemerkbar. Die meisten Menschen verhalten sich Veränderungen gegenüber ablehnend. Sie könnten ja etwas verlieren! Nicht nur materiellen Besitz, sondern auch emotionale Dinge wie Erfahrung, Sicherheit, vertraute Routine.

Darunter leiden in den Unternehmen Innovation, Fortschritt, Geschwindigkeit, Flexibilität, alles wichtige Erfolgsfaktoren.

Die Alles-oder-nichts-Strategie

Veränderungsprozesse können Sie jedoch nur erfolgreich durchführen, wenn Sie den Mitarbeitern keine Alternative bieten. Wenn bei einer Veränderung schon feststeht, dass sie bei Misserfolg wieder ins warme Nest der Vergangenheit zurückkehren können, dann verändert sich nichts. Es klingt hart, aber wir sprechen hier von der Alles-oder-nichts-Strategie.

Als ich vor fünf Jahren den Vorschlag machte, keine Firmenprospekte mehr zu drucken und stattdessen das eingesparte

Geld in den Ausbau unserer Website zu stecken, fanden das einige Mitarbeitende weder innovativ noch kundenorientiert. »Viele unserer Kunden möchten was in der Hand halten und brauchen ein Prospekt«, war die Antwort. Wir konnten es uns jedoch nicht leisten, beides weiterzuführen, und mein Geschäftspartner und ich waren nicht bereit, einen Sowohl-als-auch-Weg zu gehen. Deshalb entschieden wir uns für den Ausbau der Website. Bis heute haben wir hierzu kein einziges negatives Kundenfeedback bekommen, sparen jedoch Jahr für Jahr 25 000 Euro an Mehrkosten.

Wie wenig risikobereit teilweise Topmanager sind, zeigt sich daran, dass sie zwar intern Risikobereitschaft und Veränderungen predigen, sich selbst jedoch horrende Abfindungssummen aushandeln. Ein selbstbewusster und risikobereiter Manager hat dies gar nicht nötig. Denn der setzt nicht auf Geld, das ihm nicht gehört, sondern auf seine Fähigkeiten und Erfahrungen. Eine bedeutend wertvollere Altersvorsorge.

Sie können über den aktuellen Papst denken was Sie möchten, doch in puncto Marketing ist der Mann ein Genie. Wenn Sie wissen wollen weshalb, dann lesen Sie weiter.

17. Copyright ade

Wer dich kopiert, kommt genauso weit
wie du. Aber nicht weiter.
Unbekannt

Wer sich heute noch auf das kleine © beruft,
hat bereits verloren. In der Zeit, in der Sie
gerade versuchen, Ihre Innovation zu schützen,
wird jemand anderes davon schwanger.
Es ist Zeit, einen Gang höher zu schalten
und über Eigenschaften nachzudenken,
die nicht kopierbar sind.

Das Urheberrecht schützt eine künstlerisch-kreative Schöpfung auf ideeller und materieller Ebene. Copyright heißt übersetzt auch Kopierrecht. Heute ist wohl darunter zu verstehen, dass jeder das Recht hat, dich zu kopieren: »Copying is right!«

In der Echtzeit-Gesellschaft ist es wichtig, möglichst schnell den Markt für sich zu nutzen. Sie müssen in Lichtgeschwindigkeit handeln, wenn Sie die Früchte Ihrer Innovation ernten wollen, bevor es ein anderer tut. Deshalb besteht die wirklich große Leistung darin, immer wieder neue Innovationen zu schaffen, diese aber bis zur Markteinführung geheim zu halten und dann so dominant wie möglich den Markt zu durchdringen.

Rückblick

Am 20. Dezember 2002 gab es bei Google exakt zwei deutschsprachige Einträge zum Thema Kundenverblüffung. Am 1. August 2003 erschien das Buch Kundenverblüffung. Am 1. August 2005, also exakt zwei Jahre nach Erscheinen meines Buches, spuckte Google zum Stichwort »Kundenverblüffung« 1210 Einträge aus. Die allermeisten kamen über mich zustande. Viele stammten jedoch auch von Trittbrettfahrern, die sich meiner Bezeichnung bedienten und meine Texte eins zu eins kopierten und publizierten, ohne sich die Mühe zu machen, sie abzuändern. Ohne Quellenangabe notabene.

Was früher noch durch ein Copyright geschützt werden konnte, wird heute in dem Moment Allgemeingut, in dem es publiziert wird. Versuchen Sie mal, einen Prozess vom Zaun zu brechen, nur weil Sie jemand kopiert. In den meisten Fällen werden Sie scheitern, selbst dann, wenn Sie den Prozess gewinnen. Weil Sie zu viel Zeit, zu viel Geld und vor allem zu viel Kraft in Negativenergie investiert haben. Zeit, Geld und Ressourcen, die Sie besser in neue Innovationen stecken.

Heinz Peter Halek erkannte schon vor Jahren: »Nicht die Großen werden die Kleinen fressen, sondern die Schnellen die Langsamen.«

Doch wie kann sich ein Unternehmen noch bewähren, wenn

es seine Innovationen rechtlich nicht mehr in jedem Fall schützen kann? Ganz einfach, durch zwei matchentscheidende Faktoren:

Tempo und nichtkopierbare Eigenschaften

Der Wissens- und Technologievorsprung ist Zeit, die einem Unternehmen noch bleibt, um Geld zu verdienen. Genau so im Sport. Roger Federer wird als Nummer eins des Welttennis gejagt. Alle sind ihm auf den Fersen. Alle wollen dorthin, wo er ist. Das, was er tut und ist, möchten viele haben und sein. Sie möchten es kopieren. Roger kann nur in der Zeitspanne, in der er die Nr. 1 ist, Geld verdienen. In dieser Zeit ist er für die Vermarktung das, was Marketingfachleute ein »sexy Produkt« nennen. Stößt jemand anders Roger vom Thron, dann nimmt in der Regel auch gleich sein Marktwert ab. Außer …

… er besitzt nichtkopierbare Eigenschaften. Das kann ein besonders wirkungsvolles Image sein, um in der Welt des Tennis Erfolg zu haben: Anna Kurnikova hat nie ein bedeutendes Turnier gewonnen, war aber stets eine der bestbezahlten Tennisspielerinnen. Ihr sexy Image konnte sie so werbeträchtig vermarkten, dass Tennisspielen schon fast zur Nebensache wurde.

Eine Firma, die nichtkopierbare Eigenschaften besitzt, ist beispielsweise Apple. Der Apfel, das coole Design, die eigene Sprache, der charismatische Begründer, die Geschichte, das alles macht Apple Computer zu einem emotionalen Produkt mit einer weltweit großen und enorm treuen Fangemeinde. Wer einen Apple Computer besitzt, der besitzt auch einen iPod. Alles andere wäre wie fremdgehen!

Was Do-hower beachten

Tun Sie alles, damit Ihre Firma nicht normal bleibt. Normalität wird vom Kunden bestraft. Wer normal ist, bekommt den vollen Preisdruck zu spüren. Weshalb soll der Kunde für ein normales Produkt einen höheren Preis bezahlen? Er recherchiert im Internet rasch die Anbieter, vergleicht die Preise und bestellt beim günstigsten. Irgendjemand hat immer gerade ein Angebot.

Was immer Sie tun, tun Sie es schnell und heftig. Wenn Sie etwas haben, das andere kopieren möchten, nutzen Sie den Vorsprung (Zeit und Entwicklung) konsequent. Erwarten Sie eher einen Sprint als einen Marathon.

Und was kopieren andere von Ihnen? Beantworten Sie diese Frage, wie Sie wollen. Aber bitte nicht mit NICHTS.

Die Firma »Kirche« ist bald 2000 Jahre alt, und der neue CEO heißt Benedikt XVI. Er setzt auf Konservatismus und Tradition. Außer bei seiner eigenen Vermarktung.

Schnell ...
Der neue Papst, kaum gewählt, ist mit eigener E-Mail-Adresse ausgestattet. Via benedictxvi@vatican.va können Sie mit dem neuen Kirchenoberhaupt elektronisch in Kontakt treten.

Schneller ...
Vor allem die jungen Gläubigen waren überrascht, als sie eine päpstliche Botschaft auf ihrem Handy empfingen: »Lasst uns vorwärts gehen in Freude über den auferstandenen Christus und in Vertrauen auf seine ständige Hilfe«, lautete die SMS, die an Abonnenten des italienischen Handynetzbetreibers TIM geschickt wurde. Übrigens: Schon Papst Johannes Paul II. hatte täglich eine Kurznachricht an seine Kundinnen und Kunden verschickt.

Das Markentier Benedikt setzte aber noch eins obendrauf: Einen Tag nach seiner Wahl konnten Fans bereits seine autorisierte Biografie im Buchhandel erwerben. »Joseph Kardinal Ratzinger. Werte in Zeiten des Umbruchs.« Das soll ihm erst mal einer nachmachen ...

Lichtgeschwindigkeit ...
Der Amerikaner Rogers Cadenhard aus dem US-Bundesstaat Florida hat sich bereits vor der Wahl des neuen Papstes die Website BenedictXVI.com gesichert. Fazit: Egal wie gut die Vermarktung ist, es gibt immer einen, der noch schneller ist.

18. Innovation Inc.

Wir brauchen dringend einige Verrückte.
Guckt euch an, wo uns
die Normalen hingebracht haben.
George Bernard Shaw

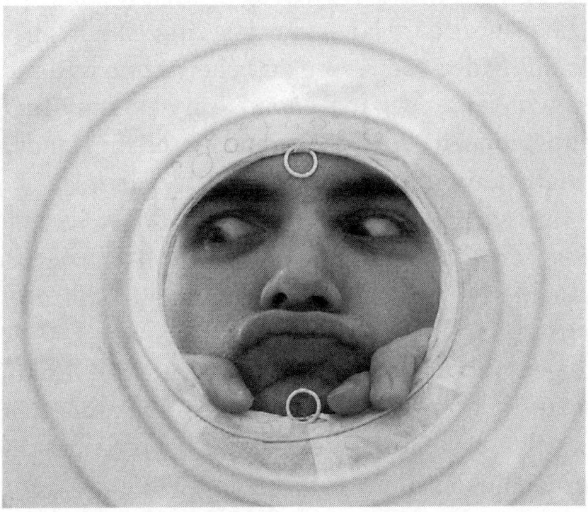

Tausende von Marketingprofis wurden
in den letzten Jahren ausgebildet.
Wir müssten in Innovationen ertrinken.
Vorausgesetzt, die Profis wüssten nicht nur viel,
sondern könnten auch was.
Wir leiden an kreativer Verstopfung.

Wir sollten schleunigst lernen, mit der Abnormalität zu leben. Wir kommunizieren heute mit Handys, die so klein wie eine Zigarettenschachtel und gleichzeitig Fotoapparat, Videokamera, Wecker, Taschenlampe, Kalender, Mailaccount und Telefon sind. Die Frage: »Wo bist Du?«, ist die erste Frage, die wir hören, wenn wir einen Anruf entgegennehmen. Die Frage ist berechtigt! Sie könnten beispielsweise auf dem Eiffelturm stehen oder im Garten. Im Auto unterwegs oder bei der Arbeit sein. Konstante Erreichbarkeit gepaart mit Mobilität. Noch vor einer Generation hat niemand gefragt: »Wo bist Du?«, denn das war überflüssig. Die Menschen standen im Wohnzimmer oder im Flur, angebunden an ein 60 cm langes Telefonkabel. Wo sonst? Inzwischen wurde das Handy für viele zum Handycap, weil die Technik anfing den Menschen zu beherrschen und nicht umgekehrt. Achten Sie doch mal darauf, wie viele Leute im Restaurant, beim Shoppen oder im Kino andauernd ihr Handy aus der Tasche ziehen, um nachzuschauen, ob auf dem Display nicht doch »1 eingegangene Nachricht« steht. Unser Schöpfer mag uns Menschen ja für viele Dinge konzipiert haben, jedoch nicht dafür, andauernd erreichbar zu sein und 40 Mails pro Tag zu beantworten.

Im Gegensatz zu früher können Sie heute von Ihrem Wohnzimmer aus weltweiten Handel betreiben. 24 Stunden, 365 Tage im Jahr. Alles, was Sie dazu benötigen, ist ein Computer und ein Internetzugang.

Ebay und andere Internethandelsplattformen wurden so zum größten Arbeitgeber der Welt, und das Geniale daran ist, dass Ebay als Unternehmen dabei keine Löhne zahlt. Alles, was solche Firmen bieten, ist eine Plattform, um mit anderen Menschen Handel zu betreiben. Noch nie war es so einfach eine Ich AG zu gründen, wie gerade heute. Alles ist da. Wir müssen nichts mehr erfinden, sondern nur noch finden.

Genau dieser Mut verlässt die Menschen, wenn es darum geht, Neues zu kreieren. Wir halten uns an dem fest, was wir kennen. Inkonsequenterweise bewundern wir jedoch jene Menschen, die anders sind. Egal ob Sportler, Rockstars oder Wirtschaftsshootingstars. Alle haben eines gemeinsam: Sie tun genau das nicht, was alle anderen tun. Sie haben den Mut, anders zu sein, anders zu agieren.

Alleswisser und Nichtskönner

Immer zu wissen, wie es geht, es jedoch selbst nie zu tun, zeugt letztlich nur von einer Kompetenz: der Inkonsequenz. Nichts hat sich jemals von alleine bewegt. Immer benötigt Veränderung unseren Anstoß. Immer muss einer aufstehen und den Job tun. So ist es im Businessdschungel von Frankfurt und gleichermaßen auch im Dschungel Afrikas. Dort wacht bei Sonnenaufgang ein junger Löwe auf und »weiß«, dass er verhungern wird, wenn er heute nicht schneller rennt als die langsamste Antilope. Und jeden Morgen steht eine junge Antilope auf und »weiß«, wenn sie heute nicht wiederum schneller rennt als der schnellste Löwe, dann stehen die Chancen schlecht, dass sie den Sonnenuntergang noch erlebt. Genau dieses Naturgesetz hat über Jahrhunderte dafür gesorgt, dass unsere Fähigkeiten weiter geschärft und ausgebaut wurden.

Wenn wir uns nicht im Dschungel, sondern in der urbanen Zivilisation etwas genauer umsehen, stellen wir fest, dass nur noch wenige von uns jagen. Viele wissen, dass um 16 Uhr der Wärter in den Streichelzoo kommt und das Futter in Form von Arbeitslosengeld bringt. Somit bilden sich die Zähne und Krallen zurück, wir werden langsam und träge. Nicht auszudenken, was passiert, wenn einer auf die Idee käme, auf einmal die Gitter niederzureißen und uns in die freie Wildbahn zu entlassen. Viele hätten keine Chance.

Wieso warten, bis es so weit ist? Wieso nicht schon heute ein Do-hower werden? In meinem Buch »Kundenverblüffung« können Sie zum Beispiel nachlesen, was Ihre Dienstleistung braucht, um bei Ihrer Kundschaft nachhaltig zu wirken.

Die Kopfstand-Methode

Innovation ist eine bestimmte Denkhaltung. Innovativ werden wir am besten, wenn wir die Dinge in Frage stellen und nicht einfach immer akzeptieren, was uns vor die Augen tritt. Stellen Sie die Dinge auf den Kopf, dann kommt auch öfter mal etwas Spezielles dabei heraus.

Anstatt beispielsweise zu fragen: »Wie gewinnen wir mehr Kunden für den Artikel XY?«, fragen wir: »Was müssen wir machen, damit der Artikel XY überhaupt nicht mehr gekauft wird?« Aus den produzierten Antworten lassen sich häufig Ideen bzw. Problemlösungen gewinnen. Ansonsten gelten die gleichen Regeln wie beim normalen Brainstorming!

Mögliche Fragestellungen sind: Was müssen wir machen,

- damit wir Konkurs gehen?
- damit unsere Mitarbeiter uns verlassen?
- damit wir keine Produkte mehr zum Verkauf anbieten können?
- damit unsere Kunden möglichst schlecht empfangen werden?
- damit wir ein Projekt vollkommen vergessen?
- um unser Image zu zerstören?

Als nächster Schritt kommt die Auswertung. Dazu hinterfragen wir zuerst unsere Situation: Ist das bei uns wirklich so? Da wir alle erfolgreich sind, sollte das möglichst nicht der Fall sein und die Antwort wird mehrheitlich Nein lauten. Die gesammelten Ideen zeigen uns aber, womit wir sehr schnell unseren Erfolg in Misserfolg umwandeln können. Dies sind daher die Punkte, die wir besonders pflegen sollten, damit wir längerfristig Erfolg haben. Wir schließen die Brainstorming-Session mit der gemeinsamen Suche nach Lösungen. Sie werden sehen: Es funktioniert! Wie schnell aus Minus Plus werden kann, zeigt eines meiner großen Vorbilder Hans C. Leu. Er war über Jahre einer der leuchtendsten Sterne am Tourismushimmel und hat als Direktor des Hotels Albergo Giardino in Ascona unzählige Preise gewonnen. Und dies in einem Alter, in dem die meisten seiner Kollegen bereits den Ruhestand genossen. Heute ist er 75 Jahre alt und kein bisschen leise. Als ein Journalist ihn neulich auf die depressive Stimmung in der Tourismusbranche ansprach, antwortete er: »Wir müssen endlich lernen, dem Negativen das Positive gegenüber zu stellen.« Nicht »Geiz ist geil, sondern Schweiz ist geil!«.

Damit hat er nichts anderes getan, als die Kopfstand-Methode anzuwenden. Diese Antwort ist beispielhaft dafür, wie wir Negativtrends clever, humorvoll, vor allem aber wirkungsvoll begegnen können. Die Alternative kennen Sie ja …

Wenn Sie demnächst mit einem Ihrer Kunden ein Gespräch führen, können Sie das Gespräch mit Smalltalk beginnen. Oder aber einen nachhaltigen Eindruck machen. Es liegt an Ihnen. Ein Beispiel: Nachdem Sie sich mit Ihrem Kunden an einen Tisch gesetzt haben, nehmen Sie ein 100 cm langes Maßband hervor, legen es in seiner ganzen Länge vor ihm hin und fragen ihn: »Lieber Herr Tauscher, wenn Sie unsere Zusammenarbeit beurteilen, wo stehen wir? 1 cm bedeutet 1% Zufriedenheit, 100 cm bedeuten 100% Zufriedenheit.«

Ihr Kunde wird nun mit seinem Finger eine Stelle markieren. Nehmen wir mal an, er tut dies bei 75 cm. Jetzt nehmen Sie eine Schere hervor und zerschneiden das Maßband bei 75 cm. Das große Stück, die 75 cm, schenken Sie Ihrem Kunden mit den Worten: »Dreiviertel davon haben wir schon gemeinsam geschafft. Lassen Sie uns nun über die fehlenden 25 cm sprechen.«

Dabei nehmen Sie die 25 cm und heften Sie an ein leeres, weißes Blatt Papier. Nun diskutieren Sie das Optimierungspotenzial in der Zusammenarbeit. Schreiben Sie die Verbesserungsvorschläge auf das Blatt. Das Gespräch endet mit den Worten: »In zwei Monaten sehen wir uns wieder. Dann werde ich Sie erneut für ein Gespräch kontaktieren und Sie werden mir dann sagen, wie viel der restlichen 25 cm verbessert wurden.«

Und denken Sie daran: Wer einmal das Außerordentliche erfahren hat, kann sich nicht mehr mit dem Normalen zufrieden geben.

Sie können sicher sein: Mit so einem Maßband in der Hand, wird sich Ihr Gesprächspartner sicher an Sie erinnern. So setzen Sie bei Ihren Kunden und Mitarbeitern verblüffende »Maßstäbe« im wahrsten Sinne des Wortes.

Wie kam ich auf diese Idee? Ganz einfach: Fast jedes Unternehmen bomabardiert uns Kunden mit einem Fragebogen. Diese Fragebögen halte ich für hochgradig kundenfeindlich. Nach einem harten Arbeitstag habe ich nämlich keine Lust, mich an den Schreibtisch zu setzen und einen zweiseitigen Vordruck auszufüllen. Das Beispiel mit dem Maßband ist da wirkungsvoller. Abgesehen davon, strotzen die meisten Fragebögen nur so vor uncleveren Fragen. »Würden Sie unser Unternehmen weiterempfehlen?«, ist zum Beispiel eine geschlossene Frage, deren Antwort nicht verwertbar ist. Egal, ob die Frage mit Ja oder Nein beantwortet wird, das Unternehmen weiß genau so viel wie vorher. Mit der Frage »Weshalb empfehlen Sie unser Unternehmen weiter?«, kann man hingegen mehr anfangen. So oder So: Bei jedem Fragebogen kann der Befragte schummeln. Wenn Sie einen Kunden jedoch von Auge zu Auge befragen, spüren Sie viel besser, wie zufrieden er wirklich mit Ihnen ist. Gut, Know-hower werden jetzt sagen: Ich würde ja gerne, aber ich habe leider kein Maßband zur Hand ...

19. Lovestory

Kunden reagieren auf Ihre fehlende Leidenschaft
mit Fremdgehen.
Daniel Zanetti

Verkäufer sind die besseren Liebhaber.
Lesen Sie diese Lovestory,
und Sie erfahren weshalb das so ist.

Der Kundenlebenszyklus unterscheidet sich nicht wesentlich von einer Liebesbeziehung. Verkäufer und Kunde lernen sich kennen, umwerben sich, entscheiden sich füreinander. Dann kommen die ersten Krisen, die nicht selten in Phase sechs enden: der Trennungsphase.

Als Workshopleiter beschäftigt mich immer wieder die Frage: Wie kann ich meinen Teilnehmern nicht nur Wissen, sondern auch Können vermitteln? In den letzen Jahren habe ich festgestellt, dass Symbole und Geschichten sich für die Wissensvermittlung ideal eignen. Und so kam es, dass ich mich bei einem Vortrag vor Verkäufern spontan zu einer frechen Äußerung hinreißen ließ:

»Meine Herren ...«, es waren tatsächlich ausschließlich Männer im Saal anwesend, »... meine Herren, ich bin der festen Überzeugung, dass schlechte Verkäufer auch schlechte Liebhaber sind ...«

Selten habe ich in so verblüffte Gesichter gesehen. Ein besonders kritischer (oder betroffener Teilnehmer) sagte: »Das bedarf jetzt aber wirklich einer Klärung!« Und so kam es, dass ich ihm und den anderen die Parallelen zwischen einer Geschäfts- und einer Liebesbeziehung aufzeigte.

Erst kürzlich bekam ich eine Mail von einem Banker, der vor Monaten an einem meiner Vorträge teilnahm. Er schrieb mir: »Lieber Herr Zanetti, gestern war ich ein sensationeller Liebhaber.« Was er damit ausdrückte, war, dass er ein großes Geschäft abgeschlossen hatte. Die Metapher hat ihre Wirkung erzielt. Das Bild vom »Looser im Bett« hat nachhaltig gewirkt.

Vielleicht inspiriert Sie meine Geschichte ja auch zu mehr Umsatz!?

Die Kennenlern-Phase – Verkäufer Romeo akquiriert die Julia GmbH

Sein Aussehen, sein Image und seine Kommunikationsfähigkeiten helfen Romeo beim Akquirieren eines neuen Kunden.

Er tut alles, um bei der Brautschau Erfolg zu haben. Eine Firma ist ihm ganz besonders aufgefallen: die Julia GmbH. Sie ist wunderschön und sehr erfolgreich. Ihr Name ist in aller Kunden Munde. Viele seiner Verkäuferkollegen haben schon versucht, bei ihr zu landen. Die meisten ohne Erfolg, denn die Julia GmbH ist wählerisch. Sie hält nichts von Verkäufern, die langweilig sind und die wichtigste Kompetenz nicht besitzen: zuzuhören. Romeo kann zuhören. Und weil er das beim ersten telefonischen Kontakt schon unter Beweis stellte, erhält er einen Termin. Und auch deshalb, weil er einen außergewöhnlichen Weg gewählt hat, die Julia GmbH zu umwerben. Romeo ist der bunte Hund unter den Verkäufern, und seine Präsentation hat die Julia GmbH überzeugt. Romeos letzte Frage bei seiner Präsentation war: »Julia GmbH, wann ist unsere Beziehung für Sie ein voller Erfolg?« Wow, denkt Julia GmbH, der will es aber wissen ...

Die Start-Phase – Der Beginn einer leidenschaftlichen Beziehung

Romeos Herz rast. Ob sie sich wohl bei ihm meldet? Er konsultiert seine Mailbox. Sie hat versprochen, ihn bis Dienstagmorgen zu benachrichtigen. Obwohl die Julia GmbH noch nicht so viel von Romeos Vorzügen weiß, hat sie sich für ihn entschieden. Es war eine Bauchentscheidung. Denn Romeos Preis war sogar höher als der seiner Mitbewerber. Romeo hat ihr das Gefühl vermittelt, dass er sich wirklich für sie interessiert. Nicht wie seine Mitbewerber. Bei denen hatte Sie das Gefühl, einfach eine weitere Akquisition oder ein weiterer Beitrag zum Budget zu sein. Doch dafür ist sie sich zu schade. Romeo ist überglücklich und meldet sich bei der Julia GmbH, denn er weiß, dass er den guten Eindruck vertiefen muss. Julia GmbH ist etwas ganz Besonderes, und das muss er ihr auch zeigen. Es gibt nur allzu viele Verkäufer, die zuerst viel versprechen und dann wenig halten. Jetzt bloß keine Business-as-usual-Mentalität aufkommen lassen. Gar nicht einfach bei 350 Kunden, die Romeos Portfolio zieren. Er schickt Julia GmbH eine Wundertüte und ein handgeschriebenes Kärtchen, auf dem steht: »Ich freue mich riesig auf unsere Zusammenarbeit und das, was sich daraus entwickelt.«

Die Durchdringungs-Phase – Das erste Mal ...

Julia GmbH hat die erste Bestellung bei Romeo aufgegeben und ist äußerst zufrieden mit seinem Service. Bei einem Abendessen mit Kolleginnen erzählt Julia GmbH vom »ersten Mal« mit Romeo. »So einen brauchen wir auch ...«, sagt Fabienne Ltd., »kannst du mir seine Nummer geben?«

Inzwischen kennt Romeo Julia GmbH und hat auch schon erste Bekanntschaften mit anderen interessanten Menschen in Julia GmbHs Umfeld gemacht. Das Geschäft läuft wie geschmiert. Die Bestellungen flattern Romeo nur so ins Haus. Sein Image als Verkäufer könnte nicht besser sein.

Die Reife-Phase – Die Routine hält Einzug ...

Jetzt ist nicht der 100 m-Sprinter gefragt, sondern der Marathonläufer. »Wo warst du gestern Abend?« Diesen Satz hat schon manch einer zu hören gekriegt. Auch Julia GmbH fragt sich, wann Romeo zum letzten Mal mit ihr gesprochen hat. Ihre Liebe scheint einzuschlafen. Beide arbeiten sie hart. Beide sind sie abends müde. Beide fragen sich: »Was ist aus unserem Feuer geworden?« In der Lovestory erkennt Romeo die Situation und verhält sich entsprechend. Er zeigt Julia GmbH mit kleinen Gesten, dass ihm die Beziehung noch Spaß macht. Und er bringt zum Ausdruck, dass er mit Julia GmbH alt werden möchte. So ist er halt. Ein Profi. Getreu seinem Motto: »Die Dinge nie schleifen lassen ...« Julia GmbH ihrerseits belohnt ihn dafür mit Zusatzaufträgen.

Die Krisen-Phase – Sie kommt schleichend, aber sie kommt bestimmt!

Der Beginn dieser Phase ist oft nur schwer zu erkennen. So auch bei Romeo und Julia GmbH. Obwohl Julia GmbH schon schriftlich reklamiert hat, weil Romeo mit seinen Leistungen in Verzug geriet, ist das Feuer in ihrer Beziehung klein und der Frust groß. Julia GmbH hat jemand anders kennen gelernt. Dieser jemand bietet das Gleiche wie Romeo, nur beim Neuen ist sie ganz aufgeregt, wenn sie mit ihm spricht. Als Romeo von seinem Mitbewerber erfährt, ist er niedergeschlagen und verletzt. Wie kann Julia GmbH mir das nur antun? Womit habe ich das verdient? Kämpfen oder resignieren. Es gibt nur diese zwei Möglichkeiten.

Und so tut Romeo das einzig Richtige: Er packt die Chance der Reklamation am Schopf und sucht Julia GmbH auf. Im Gespräch resümieren beide die Situation, gestehen Fehler ein und entscheiden sich für einen Neustart. Romeo agiert kreativ, kulant und kundenorientiert auf Julia GmbHs Kritik. Alles wird gut. Oder etwa nicht?

Die Trennungs-Phase – From Hero to Zero

Der Neuanfang ist fehlgeschlagen. Schon nach kurzer Zeit war alles wieder beim Alten. All die guten Vorsätze verliefen im Sand. Die Routine ist stärker als der Wille für einen ernst gemeinten Neuanfang. Und so passiert das Unvermeidliche: Die Bestellungen bleiben aus. Julia GmbH ist für Romeo kaum zu sprechen und bestellt woanders. Ende der Fahnenstange!

Es ist eben so: Ein Quickie ist nicht schwer, eine dauerhafte Beziehung jedoch sehr. Bleibt die Frage: Sind die guten Verkäufer automatisch auch die besseren Liebhaber? Was meinen Sie?

Ich meine, dass viele Dinge vorhersehbar und somit trainierbar sind. Es liegt doch auf der Hand, dass weder eine Liebesbeziehung noch eine Geschäftsbeziehung einfach so auf die

Dauer interessant bleiben. Wenn wir nichts unternehmen, stolpern wir früher oder später in die Routine. Was zu Beginn spannend ist, wird mit der Zeit normal, und was normal ist, verliert an Wert.

Lassen Sie uns also privat wie geschäftlich das Feuer immer wieder von neuem entfachen.

Schreiben Sie noch heute Ihrer Liebsten einen Liebesbrief, sie erwartet ihn nicht, aber Sie wird sich freuen! Rufen Sie noch heute einen Ihrer Kunden an, und bedanken Sie sich für die Zusammenarbeit. Er erwartet Ihren Anruf nicht, aber er wird positiv verblüfft sein!

Was alle schon wissen, aber die wenigsten tun

Es ist schwierig und teuer, heute einen neuen Kunden zu gewinnen. Die Überlegung, ob der aktiv Empfehlende nicht ein Feedback geben sollte, ist mehr als angebracht. Was natürlich nur möglich ist, wenn dessen Name bekannt ist. Aber der Reihe nach:

Wie lösen Sie Empfehlungen aus?
Da die Kunden heute eine gute Beratung und ein qualitativ hochstehendes Produkt voraussetzen, können Sie fast nur noch durch menschliche Zuwendungen verblüffen. Und das ist es, was Kunden zu Empfehlenden macht. Solche Gelegenheiten bieten sich täglich. Die Frage ist nur, ob Sie sie vor lauter operativer Hektik als Verkäufer noch sehen.

Bringen Sie System in Ihr Empfehlungsmarketing!
Die meisten Firmen üben sich in langweiligen, vor allem aber unpersönlichen Erhebungen. Die beste Möglichkeit, Ihr Empfehlungsmarketing in Schwung zu bringen, ist im Gegensatz dazu eine persönliche Nachfrage beim Kunden selbst. Holen Sie nach erbrachter Leistung eine Referenz ein, und ermutigen Sie Ihren Kunden doch gleich: »Wir freuen uns sehr, wenn Sie

uns aktiv weiterempfehlen!« Damit holen Sie am meisten aus der positiven Geschäftsbeziehung heraus.

Darüber hinaus fühlt sich der Kunde in seiner Meinung richtigerweise ernst genommen und wird Ihnen diesen Dienst nur um so lieber erbringen.

Botschafterbaum

Jede Firma hat eigene Botschafter, das sind Kunden, die Sie weiterempfehlen. Wann immer Ihnen zu Ohren kommt, dass Sie ein Kunde empfohlen hat, sollten Sie zwei Dinge tun:

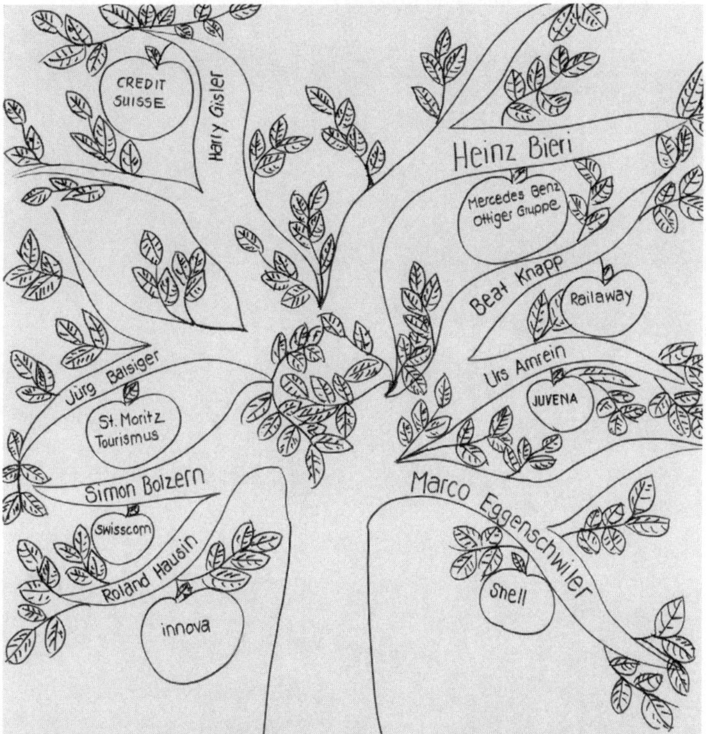

1. Zeichnen Sie an Ihrer Bürowand einen Baumstamm, symbolisch für Ihre Firma oder Abteilung. Für jeden Empfehlenden zeichnen Sie einen Ast und schreiben dessen Namen da-

zu. Wir machten dies bei uns vor fünf Jahren und staunten nicht schlecht, als wir sahen, was für eine riesige Eiche aus dem kleinen Pflänzchen wurde. Dies bewog uns, mehr in unsere Botschafter zu investieren als in Printwerbung. Das war eine der weiseren Marketingentscheidungen, die wir getroffen haben.

2. Melden Sie sich beim Empfehlenden und bedanken Sie sich bei ihm ganz herzlich. Damit zeigen Sie auf, dass Sie sein Verhalten wertschätzen. Kleine Geschenke können auch ihren Dienst erweisen, sind jedoch selten so wirkungsvoll wie ein persönlicher Dank.

20. Vom Leidbild zum Leitbild

Demokratie heißt: die Spielregeln einhalten,
auch wenn kein Schiedsrichter zusieht.
Manfred Hausmann

Halten Sie die Spielregeln ein! Dies gilt ganz besonders für das Management. Es steht nämlich im Rampenlicht und kann, gerade was das Leitbild angeht, von den Mitarbeitern kontrolliert werden. Doch wie steht es um die Wirksamkeit und Verständlichkeit von Leitbildern? Wie viel von dem, was sich Firmen auf die Fahne schreiben, wird auch (vor-)gelebt?

Fast jedes Unternehmen hat heute ein Leitbild. Auch wenn es in vielen Fällen nicht auffindbar ist. »Ja, ich habe da mal was gekriegt …«, oder »Irgendwo habe ich das abgelegt …«, sind oft Antworten auf die Frage: »Haben Sie ein Leitbild?«

So wenig wie ein Fußballspiel ohne Spielregeln stattfinden kann, so wenig funktioniert eine Arbeitsgemeinschaft ohne Spielregeln. Regeln helfen mit, Fehlinterpretationen zu vermeiden und definieren die Art der Zusammenarbeit. Zudem werden Sie als Führungskraft in der Vorbildrolle gefordert und seitens der Mitarbeiter kontrollierbar. Ein Leitbild soll die Orientierung, die Motivation und die Identifikation mit dem Unternehmen fördern. Was sind die Vorteile von Spielregeln?

Spielregeln motivieren
Motivation entsteht über eine gemeinsame Zielsetzung, Werte und Handlungsweisen.

Spielregeln bieten Identifikationsmöglichkeiten
Die Formulierung von Zielen, Werten und Aufgaben bietet Mitarbeitern die Möglichkeit, sich mit Ihnen als Führungskraft zu identifizieren. Dieser Effekt ist umso stärker, je mehr sie in die Entwicklung der Spielregeln eingebunden sind.

Spielregeln formulieren wie ein Profi
Über Spielregeln entstehen auch Abgrenzungen zu vergleichbaren Organisationen, Abteilungen und auch Chefs.

Spielregeln stiften Einheit
Über die Erarbeitung einer gemeinsamen Zielsetzung wird bestimmten Konflikten (insbesondere Zielkonflikten) innerhalb Ihres Verantwortungsbereiches die Grundlage entzogen.

Spielregeln geben Orientierung
Spielregeln bieten einen klaren Rahmen als Orientierungshilfe für das tägliche Wirken.
Die meisten Leitbilder sind jedoch reine Wunschlisten. Es steckt zwar eine gute Absicht dahinter, doch in puncto Praxistransfer

fehlt das **Wie?** Wie definieren und kontrollieren wir Innovation oder Vertrauen? Solange dieser Punkt nicht bildhaft in den Köpfen aller Mitarbeiter verankert ist, steht es schlecht mit der Umsetzung.

In den 500 Unternehmen, mit denen wir in den letzten Jahren zusammenarbeiteten, stießen wir mehrheitlich auf zwei Ausprägungen von Leitbildern:

Die FBI-Methode: Das Leitbild ist zwar vorhanden, aber nicht bekannt. Es muss im Unternehmen gesucht werden, weil irgendjemand es irgendwo abgelegt hat.
Die Wildwest-Methode: Das Leitbild ist zwar bekannt, aber unbrauchbar, da es floskelhaft und nicht auf das Unternehmen abgestimmt ist. Keiner weiß wirklich, was das Ganze soll.

Beide Fälle haben eines gemeinsam: Sie sind eher **Leid**bilder als **Leit**bilder und nicht wirklich geeignet, gemeinsame Werte nachhaltig in die Praxis umzusetzen.

Das führt in vielen Fällen dazu, dass die Mitarbeiter instinktiv so handeln, wie sie denken, dass es angemessen sei und sich kein bisschen an dem Leid- oder Leitbild orientieren. In den meisten Leitbildern ist zwar beschrieben, **was** zu tun ist, jedoch nicht **wie** ...

Die vier meistgenannten Sätze aus Leidbildern, und weshalb sie nie hätten geschrieben werden dürfen:

Unsere Mitarbeiter sind unser wertvollstes Gut
Behandelt Sie Ihr Chef als solches? Das wertvollste Gut stellen wir nicht einfach auf die Straße. Dem wertvollsten Gut kündigen Sie nicht per SMS. Und das wertvollste Gut sollte nicht zu Konditionen unter dem gesetzlichen Minimallohn beschäftigt werden. Doch genau dies tun viele Firmen, die diesen Satz in ihrem Leitbild stehen haben. Ziemlich zynisch, finden Sie nicht?

Wir sind innovativ
Wo bitte sind in diesem Lande die Innovationen? In Sachen Innovation herrscht nun wirklich tote Hose. Gerade jene Firmen,

die diesen Satz in ihrem Leitbild stehen haben, überfluten ihre Mitarbeitenden mit Kompetenzregelungen, Prozessen und Sprüchen wie »Dafür haben wir kein Budget« – der beste Nährboden für innovatives Handeln ...

Fragen Sie sich doch selbst: »Wann habe ich oder mein Vorgesetzter eine innovative Idee erfolgreich zum Leben erweckt?«

Wir wollen vertrauensvoll miteinander umgehen
Spielen Sie mal »Herzblatt« und befragen Sie Ihre Mitarbeiter getrennt voneinander zum Thema Vertrauen. Sie werden feststellen, dass die Meinungen dazu derart auseinander klaffen, dass Sie diesen unpraktikablen Satz sofort aus Ihrem Leitbild entfernen.

Wir kommunizieren offen und direkt miteinander
Dies würde niemand schreiben, der auch nur einen Hauch von psychologischem Wissen besitzt. Wie offen wir Menschen sind, sehen Sie bei Veränderungsprozessen. Wie offen und direkt wir kommunizieren, äußert sich in der Teamstimmung. Und auch hier sei die Frage erlaubt: Gibt es jemanden, der das kontrolliert?

Wenn wir etwas genauer hinhören, dann finden wir für diese Worte kaum Beweise. Sie sind und bleiben Wunschvorstellungen jener Manager, die sich diese Sprüche ausgedacht haben oder sie von anderen, bereits bestehenden Leitbildern abgekupfert haben. Mehr noch: Überprüfen Sie die Manager auf ihre eigenen Vorsätze: Das Resultat fällt in der Regel vernichtend aus.

In besonders großen Unternehmen besteht bezüglich der Spielregeln auch ein besonders großes Problem. Das Leitbild wurde für 20 000 Mitarbeiter in 28 Ländern erstellt. Noch in keinem einzigen Fall habe ich erlebt, dass so ein Leitbild auch wirklich funktioniert. Zu groß sind die Unterschiede der einzelnen Kulturen und Abteilungen. Deshalb plädiere ich für das Erstellen von Spielregeln in den einzelnen Teams und Abteilungen. Es gibt tausend Gründe, allgemein gültige Konzernspielregeln zu missachten, jedoch wenige, die selbst aufgestellten Teamspielregeln mit Füßen zu treten.

Teams wurden in den letzten Jahren immer kleiner. Ein Chef führt heute eher zwölf als 120 Mitarbeiter direkt. Eine Fußballmannschaft besteht auch nur aus etwa 20 Spielern, von denen immer nur maximal elf auf dem Platz stehen. Keinem Trainer käme das in den Sinn, unklare Spielregeln aufzustellen.

Ich halte es für den effizienteren Weg, im Kleinen zu gewinnen als im Großen zu versagen. Will heißen: Kultur darf nicht an die Firma delegiert, sondern muss von den verantwortlichen Führungskräften geprägt werden. Selbstverständlich immer unter der Berücksichtigung der Konzernvorgabe.

So erarbeiten Sie wirkungsvolle Spielregeln für Ihr Team!

Fragen Sie sich als Führungskraft zuerst, welche Werte, Ziele und Inhalte Sie selbst verfolgen. Vergleichen Sie Privatleben und Beruf, und entdecken Sie Parallelen. Es ist wichtig, dass Sie sich zuerst über sich selbst im Klaren sind. Immerhin sind Sie als Chef ja das Leithammel und auf den schauen alle immer zuerst. Was für ein Team möchten Sie haben, und was für ein Team möchten Sie auf gar keinen Fall haben?

Welche Werte sind für Sie wichtig und werden von Ihnen auch konsequent vorgelebt?

In einem zweiten Schritt sollten Sie sich darüber bewusst werden, in welcher unternehmerischen Phase sich Ihr Team gerade befindet. Diese Frage ist enorm wichtig, da Sie nicht in jeder Phase die gleichen Mitarbeiter-Typen und somit auch nicht die gleichen Spielregeln benötigen. Im Wesentlichen durchläuft jede Firma – und innerhalb der Firma auch jedes Team – immer die gleichen drei Phasen: Pionier-, Expansions- und Konsolidierungsphase. Und nach der Konsolidierungsphase kommt meistens wieder die Pionierphase.

Schauen wir uns die einzelnen Phasen etwas genauer an:

Die Pionier-Phase

Das Team und die Aufgaben sind neu, der Weg noch nicht klar, Strukturen, Abläufe und Prozesse kaum vorhanden. Macherqualitäten mit viel Mut, Zuversicht und Durchsetzungskraft sind gefragt. Vom Chef wie von den Mitarbeitern.

In dieser Phase steckt jedes neu gegründete Unternehmen und jede neu gegründete Abteilung.

Die Expansions-Phase

In dieser Phase herrscht aufgrund des raschen Wachstums zwangsläufig auch Chaos. Die Mitarbeiter werden in ihrer Belastbarkeit und ihrer Einsatzbereitschaft stark gefordert. Die Auftragsbücher füllen sich, und das Team kommt unter die Räder. Die laufend anstehenden Probleme müssen rasch, kreativ und unbürokratisch gelöst werden.

Der Markt akzeptiert das Produkt! Die Nachfrage steigt und die Produktion wird erhöht. Auf der einen Seite ist das natürlich sehr positiv, auf der anderen Seite birgt gerade diese Phase große Gefahren. Das Team zerbricht am Druck, Sie haben die Kosten noch nicht im Griff. Kein Wunder also, dass die Mitarbeiterfluktuation hier meistens recht hoch ist.

Die Konsolidierungs-Phase

Aufgrund der Größe und Auslastung werden dringend klare Strukturen benötigt, um die Qualität und Nachhaltigkeit sicher zustellen. Das Chaos der Expansion muss nun in geordnete Bahnen gelenkt werden. In dieser Phase benötigen Sie gezielt einige Mitarbeiter mit analytischen Fähigkeiten. Die Mischung aus Vermarktung und Optimierung, oder anders ausgedrückt zwischen Quantität und Qualität, muss stimmen. Daran scheitern viele Unternehmen, weil sie hier von einem Extrem ins andere fallen. Sie schaffen zu viele Prozesse und Abläufe und entfernen sich vor lauter Excel-Tabellen und Qualitätszertifizierungen vom Kunden. Statt Kundenorientierung zu schaffen, entsteht eine unrealistisch hohe Produktorientierung.

In einer der drei Phasen stecken Sie derzeit. Machen Sie sich bewusst, in welcher, und handeln Sie nun mit weiser Voraussicht danach. Wenn Sie diese Fragen geklärt haben, sollten Sie jetzt Ihr Team mit einbeziehen. Laden Sie Ihre Leute zu einem Workshop ein. Teilen Sie mit Ihrem Team die bisherigen Erkenntnisse und fordern Sie sie auf, einen Kompetenzkatalog zu erstellen: »Welche Kompetenzen benötigen wir, um die anstehenden Herausforderungen der nächsten Monate und Jahre zu meistern?«

Besprechen Sie die Resultate mit den Mitarbeitern und ordnen Sie gemeinsam die Kompetenzen nach Prioritäten.

Diskutieren Sie nun gemeinsam einige Fragen, die für die Zusammenarbeit wichtig sind (und lassen Sie die Antworten protokollieren!):

- In welcher Liga möchten wir als Team spielen? Champions-League oder Kreisliga?
- Wo sehen wir uns als Firma/Team im Markt?
- Welchen Auftrag haben wir von unserem Vorstand?
- Wie wollen wir die Ziele erreichen?
- Welche Werte sind uns wichtig?
- Wer sind wir, woraus besteht unsere gemeinsame Identität?
- Welche Kunden haben wir, wie gehen wir mit ihnen um?

Da Sie nun die Ausgangslage und eine konstruktive Grundstimmung geschaffen haben, lassen Sie das Team von sich selbst eine SWOT-Analyse erstellen. Der Begriff SWOT stammt aus dem Englischen und bedeutet **S**trenghts, **W**eaknesses, **T**hreats and **O**pportunities. Gemeint ist eine Stärken-, Schwächen-, Gefahren- und Chancen-Analyse. Das Team soll unter der vorhandenen Ausgangslage aufschreiben, welche Stärken, Schwächen, Chancen und Gefahren im Team insgesamt vorhanden sind. Das ist ein sehr selbstkritischer, aber vor allem auch erkenntnisreicher Prozess. Und natürlich vermuten Sie schon, wohin die Reise nun führt ...

Nachdem Sie nun über sehr viel Know-how verfügen, müssen Sie lediglich noch einige wirkungsvolle Spielregeln schaffen. Konzentrieren Sie sich auf drei, vier Spielregeln, die Ihnen als Team wesentliche Fortschritte in der Zusammenarbeit verschaffen. Wenn beispielsweise bei den Schwächen herauskam, dass im Team eine »Motzkultur« herrscht, und nur kritisiert und nicht konstruktiv nach Lösungen gesucht wird, dann könnte die Lösung so aussehen: »Motzen ist keine Leistung! Wir verpflichten uns zu einer lösungsorientierten Sprache. Nur wer selbst positive Lösungen einbringt, hat das Recht zu kritisieren.« Ein Plakat mit dem Spruch »Lösen statt Motzen!«, das Sie sporadisch in den Sitzungszimmern aushängen, nebst der persönlichen Umsetzungskontrolle kann den Erfolg maßgeblich positiv beeinflussen.

Hier einige erprobte Tipps, wie Sie aus Floskeln Do-how machen

Kreieren Sie zu jedem Leitsatz ein eigenes Bild, damit sich Ihre Mitarbeiter einprägen können, was darunter zu verstehen ist. Klären Sie bei jedem Satz immer auch gleich die »**Wie**-Frage«: Wie können wir den Leitsatz umsetzen? Im Leitbild eines Hotels stand: »Wir leben Kundenorientierung in jedem Detail.« Darunter können wir viel oder aber auch wenig verstehen. Wenn Sie unter diesen Leitsatz allerdings das Bild eines Portiers und das Quantas-Logo setzen und folgende Kurzgeschichte aufführen, dann liefern Sie die Messlatte zum Leitsatz gleich mit: »Ein Gast vergaß auf seinem Zimmer sein Flugticket nach Sydney. Unser Portier Manuel Garcia fuhr dem Gast nach und erreichte ihn gerade noch rechtzeitig beim Check-in am Flughafen, als dieser den Verlust gerade bemerkte. Durch dieses kundenorientierte Verhalten konnte der Gast seine Heimreise noch pünktlich antreten.«

Lassen Sie neue Mitarbeiter das Leitbild mit dem Vertrag unterzeichnen. Wenn jemand seine Unterschrift unter das Leitbild setzt, dann gibt es wenige Gründe, dieses nicht konsequent umzusetzen.

Machen Sie das Leitbild zum Bestandteil Ihrer Qualifikationsgespräche. Nur wenn Ihre Mitarbeiter konsequent mit den Leitsätzen konfrontiert werden, haben sie auch einen Anreiz, diese im Alltag nicht zu vergessen. Eine weitere Gelegenheit für gezieltes Lob und Kritik.

Thematisieren Sie an jedem Ihrer Monatsmeetings einen Leitsatz. So stellen Sie sicher, dass das gesamte Leitbild durchs Jahr hindurch thematisiert und nicht vergessen wird. Wir haben bei uns einmal für jeden Leitsatz eine Flasche Wein an einen Mitarbeiter verteilt. Dieser hatte dann die Aufgabe, uns im entsprechenden Monat zu diesem Leitsatz zu beobachten und am Meeting Feedback zu geben. Wenn sein Feedback positiv war, dann haben wir die Flasche getrunken. Wenn es negativ war, dann wurden Maßnahmen ergriffen, und ein weiterer Test-Monat wurde eingeplant.

Machen Sie in Ihrer Agenda jedes Jahr drei Einträge mit dem Stichwort »Leitbild-Check«. Gehen Sie dann jeweils das Leitbild durch, und hinterfragen Sie Ihre eigene Umsetzungsleistung. Danach spiegeln Sie Ihr Team und ergreifen Maßnahmen zur Optimierung. Als Führungskraft haben Sie diesbezüglich eine wichtige Vorbildfunktion.

21. Das Erpel-Prinzip

Wir wechseln von einer Welt der Worte
immer mehr in eine Welt der Bilder.
Unbekannt

Was Mitarbeiter wirklich über Ihr Unternehmen denken, erfahren Sie am besten in der Kaffeeküche. Anstelle eines Gerüchtes könnten Sie doch mal eine gute Firmenstory in Umlauf bringen. Wie klingt, schmeckt und riecht Ihre Firma? Ein Kapitel, das von der Macht der Geschichten handelt. Haben Sie auch eine?

Die Kartause Ittingen, ehemals als Kloster gegründet, wird heute auch als traumhaft schönes Seminarhotel genutzt. Das Führungsteam der Kartause erkannte in einem Leitbild-Workshop, dass es in puncto Entscheidungen fällen zu langsam agierte. Gemeinsam erarbeitete das Team neue Spielregeln, wie denn zukünftig Entscheidungen zu fällen seien. Nach einer einstündigen Gruppenarbeit einigten wir uns schließlich auf folgende Formulierung: Wir entscheiden

- schnell und pragmatisch
- auf einfachem Weg
- entscheidungsfreudig
- termingerecht
- durch die richtige(n) Person(en)
- eventuell in Etappen
- in jedem Fall kontrolliert

Da solche tabellarischen Auflistungen selten erfolgreich in den Köpfen hängen bleiben, suchten wir ein Bild oder eine Geschichte, die uns diese Prioritäten wirksamer vermitteln sollten.

In der Kaffeepause beobachtete ein Geschäftsleitungsmitglied das Geschehen im Ententeich und hatte auf einmal **die** zündende Idee. Zurück im Seminarraum präsentierte er uns das Erpel-Prinzip:

> »Der Erpel (eine männliche Ente) sieht eine Ente und reagiert, ohne lange zu zögern und sehr entscheidungsfreudig. Auf dem direktesten Weg stürzt er auf sie zu. Er hat sich termingerecht zu diesem Akt entschieden, da die Ente jetzt empfänglich für sein »Anliegen« ist. Der Erpel hält sich für diesen Vorgang für den Richtigen. Eine Kontrolle des Nestes wird zeigen, ob die Aktion des Erpels erfolgreich gewesen ist. Anschließend beginnt der Regelkreis von neuem.«

Dies ist nur eines von vielen Beispielen, wie Sie für Ihr Unternehmen maßgeschneiderte Worte in Geschichten umwandeln können. Beachten Sie dabei, dass das Maß das Wichtigste an der

Sache ist. Ihre Teammitglieder müssen zur Geschichte einen Bezug haben. Bei den Führungskräften der Kartause Ittingen ist das Bild schon deshalb in den Köpfen verankert, weil jeder täglich mehrmals am Ententeich vorbeiläuft. Das Erpel-Prinzip kann also gar nicht vergessen werden.

Über die Macht einer guten Geschichte

Nicht nur zur Verdeutlichung oder Verinnerlichung eines Problems sind Geschichten hilfreich, sondern auch bei der Unternehmenskommunikation ist eine gute Geschichte wirkungsvoller und glaubwürdiger als eine herkömmliche Präsentation. Auch die schön formulierten Leitbilder bestehen den Test gegen eine gute Story nicht. Lesen Sie hier über die Macht einer guten Geschichte und wie Sie selbst zu einer kommen.

Haribo hat eine. Walt Disney hat auch eine. Ikea hat eine. Robbie Williams hat eine. Ferrari hat eine. St. Moritz hat eine. Google hat eine. Microsoft sowieso. Auch Sie selbst haben eine. Beispielsweise jene, wie Sie Ihren Mann oder Ihre Frau kennen gelernt haben. Ihre Lovestory also. Oder die, die Sie über Ihren ehemaligen Chef erzählen.

Und Ihre Firma? Hat die auch eine Geschichte? Eine, die einfach weitererzählt werden muss. Eine Gründergeschichte, die die Menschen begeistert. Oder eine verblüffende Story, die von ihren Produkten handelt. Oder aber eine Kunden- oder Mitarbeitergeschichte? Selbst eine Misserfolgsgeschichte kann hilfreich sein. Nur wenn Sie keine Geschichte haben, dann haben Sie ein Problem.

Ich persönlich halte es so: Was Mitarbeiter in ihrer Freizeit anderen Menschen über die Firma erzählen, möchte ich lieber nicht dem Zufall überlassen. Es ist mir ein echtes Anliegen, dass nicht Arbeitsfrust-, sondern Arbeitslust-Geschichten die Runde machen. Natürlich kann ich einem Mitarbeiter nicht vorschreiben, was er über mich und mein Unternehmen einem Dritten gegenüber weitererzählt. Aber ich kann es beeinflussen.

Wer keine gute Story hat, ist nicht greifbar und auch nichts Besonderes. Eine Geschichte hat jeder und jeder von uns schreibt Geschichte. Die Frage ist nur: Sind wir in der Lage zu erkennen, welche Begebenheiten eine gute Story wert sind?

Der narrative Ansatz

Holen Sie die Geschichten aus den Köpfen Ihrer Mitarbeiter, und verwandeln Sie diese in eine wirkungsvolle Story. Am besten geht dies so: Überlegen Sie sich, was für eine Geschichte für Sie von großem Nutzen ist. Eine Geschichte, die ...

- Ihrer Innovationskraft Ausdruck verleiht?
- als Gründungsgeschichte erzählt werden kann?
- die Firmenkultur nachhaltig prägt?
- die Beziehung zu Kunden oder Mitarbeitern auf eindrucksvolle Art und Weise aufzeigt?
- positiv verblüfft und somit für Ihre Firma pure Werbung ist?

Interviewen Sie Ihre Mitarbeitenden:

- »Was hast du in unserer Firma Besonderes erlebt?«
- »Nenne mir ein spezielles Erlebnis mit einem deiner Kunden!«
- »Was war für dich das bisherige Highlight bei uns?«
- »Wofür haben wir von unseren Kunden schon Komplimente erhalten?«
- »Was erzählen wohl unsere Kunden zu Hause am Esstisch über uns?«

Sie können auch ehemalige Mitarbeitende befragen:

- »Was fällt dir ein, wenn du an deine Zeit bei uns zurückdenkst?«
- »Was war rückblickend für dich der Höhepunkt in unserer Firma?«

Notieren, sortieren und bewerten Sie die Antworten: Schreiben Sie die Geschichte auf, und kürzen Sie sie so gut wie möglich.

Denken Sie daran: Je kürzer und prägnanter eine Geschichte ist, je wirkungsvoller kann Sie weitererzählt werden. Überlegen Sie gemeinsam, welche Geschichte am besten wiedergibt, was das Besondere an Ihrer Firma ist. Erzählen Sie die Geschichte einigen Leuten und urteilen Sie kritisch:

- Wie war die Wirkung?
- Habe ich die Geschichte kurz und prägnant erzählt?
- Gelang die Pointe?

Bestimmen Sie nun gemeinsam, wann und wo die Geschichte am besten zum Einsatz kommen soll, beispielsweise ...

- als Ersatz von langweiligen Powerpoint-Firmenpräsentationen
- bei Firmenführungen und Rundgängen
- als Deckblatt bei Angeboten
- als Einstieg in ein Mitarbeitergespräch
- auf der Firmenwebsite
- als Radiospot
- in Reden und Ansprachen
- bei Firmenausflügen

Verwenden Sie Symbole und Bilder!

Denken Sie an das Erpel-Prinzip oder an die Chef-Versteigerungsaktion bei Ebay. Sobald eine starke Symbolik vorhanden ist, kommt die Wirkung von alleine.

Ein Beispiel: In einer Versicherungsgesellschaft wollte die Geschäftsleitung Maßnahmen ergreifen, damit die firmeninterne Sprache kundenfreundlicher wird. Es wurde nämlich bemerkt, dass die Mitarbeiter zum Teil schlecht über Ihre eigenen Kunden sprechen. Von »Deppen« und »Idioten« war da oft die Rede, wenn Kundendossiers besprochen wurden.

Im Workshop sagte dann ein Mitarbeiter: »Wenn uns unsere Kunden hören würden, wie wir über sie sprechen, würden die uns gleich davonlaufen.« Dieser Ausspruch brachte uns zu folgender wirkungsvollen Lösung: Das Team definierte folgenden

Satz: »Wir sprechen und schreiben intern so über unsere Kunden, als ob der Kunde uns hören und sehen kann.«

Als Symbole wurden dann in der ganzen Firma alte, ausgediente Kameras und Mikrofone aufgestellt. Die Wirkung war gewaltig. Wo immer der Mitarbeiter in der Firma war, sah er eine Kamera oder ein Mikrofon und wurde für seine »Kundensprache« sensibilisiert.

Und die Moral von der Geschicht' ... Wer einmal die Macht einer guten Geschichte erlebt hat, der weiß, wie viel Potenzial sich dahinter verbirgt. Sie vermitteln Bilder anstatt nur gut klingende, aber abstrakte Worte, die in den Köpfen der Menschen nicht hängenbleiben. Sie setzen Ihrem Gegenüber quasi ein Kino in den Kopf. Der Film, den Sie abspielen, heißt »Emotionale Bindung«, und Sie spielen darin die Hauptrolle. Das Happy End ist so vorprogrammiert!

22. Love it or change it

Du kannst die Brandung nicht aufhalten,
aber du kannst surfen lernen.
Unbekannt

Elton John hat sich über 30 Jahre an der Spitze der Musikbranche bewährt. Er hat sich den laufenden Veränderungen gestellt. Bill Gates auch. Die wahren Leader unserer Zeit haben einen gesunden Appetit auf Veränderungen.

Eine Voraussetzung, um Veränderungen zu meistern, ist Kreativität. Mit Kreativität können Probleme gelöst werden. Immer wieder aufs Neue. Nehmen Sie Sir Elton John als Beispiel: Er ist seit über 30 Jahren im Musikbusiness und noch heute einer der populärsten Entertainer. Er hat die Veränderungen der Musikbranche gemeistert und ist dennoch seinem Stil treu geblieben. »I'm still standing better than I ever did, looking like a true surviver, feeling like a little kid ...«, sang er schon vor Jahren. Wo sind die CEOs, die 20 Jahre erfolgreich gewirtschaftet haben? Die wie Elton John 120 Tage pro Jahr bei Kunden auf Tournee sind? Die wie Elton John zwei Innovationen pro Jahr auf den Markt bringen? Da fallen einem gerade mal Bill Gates und vielleicht noch eine Handvoll andere ein. Die meisten aber sind One-Hit-Wonder.

»Wenn ein Mitarbeiter ein Problem hat, kann er immer zu mir kommen. Meine Bürotür steht ihm jederzeit offen.« Dabei sollten die, die das sagen, nicht nur die Mitarbeiter, sondern vor allem die Veränderungen willkommen heißen. Die nächste steht nämlich bereits vor der Tür ...

Folgendes Gebet scheint mir bei anstehenden Veränderungen immer eine sehr zutreffende Weisheit zu formulieren: »Herr, gib mir die Gelassenheit, Dinge hinzunehmen, die ich nicht ändern kann. Gib mir Mut, Dinge zu ändern, die ich wirklich ändern kann, und gib mir die Weisheit, das eine vom anderen zu unterscheiden.«

Überlegen Sie doch einmal in aller Ruhe, wo in Ihrem Leben möglicherweise Veränderungen auf Sie zukommen.

- An Ihrem Arbeitsplatz? Bestimmt!
- In Ihrer Partnerschaft? Ganz bestimmt!
- Im Hinblick auf Ihre Gesundheit? Ziemlich sicher!
- In Sachen Zufriedenheit und Wohlbefinden? Vielleicht.
- Im Bezug auf Ihre Zukunftsplanung. Logo.

Und in anderen Bereichen? Machen Sie es sich zur Gewohnheit, immer wieder zu überlegen, an welcher Stelle Sie selbst etwas aktiv verändern können, und zwar so, wie Sie es wollen und nicht wie es andere wollen.

In den letzten Jahren habe ich mir oftmals selbst den Kopf über Veränderungen zerbrochen und Lösungen in Fachliteratur gesucht. Doch leider habe ich immer Bücher aus dem Wirtschaftsregal genommen. Literatur rund um den Bereich Veränderung gehört jedoch definitiv in die Abteilung Psychologie. Ich offeriere Ihnen nachfolgend acht Gründe, weshalb wir Veränderungen mit Widerstand begegnen, wohl wissend, dass es mehr gibt ...

Angst vor Kontrollverlust

Wir haben viel dafür getan, um Kontrolle zu erlangen. Nun stehen wir vielleicht davor, sie wieder zu verlieren. Wie Menschen eine Veränderung aufnehmen, hat damit zu tun, inwieweit sie glauben, Kontrolle zu haben oder nicht. Eine Veränderung ist aufregend, wenn sie durch uns selbst herbeigeführt wird, aber bedrohlich, wenn sie uns widerfährt.

Daher gilt: Je mehr Auswahlmöglichkeiten wir unseren Mitarbeitern bieten, desto besser fühlen sie sich bei der Veränderung. Wenn Sie allerdings Kontrollverlust und Machtlosigkeit empfinden, werden Sie wahrscheinlich nicht nur Stress mit Veränderungen assoziieren, Sie werden sich auch defensiv verhalten oder Ihren Besitzstand verteidigen.

Generelle Verunsicherung

Versicherungen haben wir ins Herz geschlossen. Wir versuchen, jeden noch so unwahrscheinlichen Fall abzusichern. Es gibt wohl kaum etwas, was nicht versicherbar ist. Nicht zu wissen, wohin der nächste Schritt führt oder wie er sich anfühlen wird, macht es unmöglich, dass wir uns wohl fühlen. Dieser Absicherungswahn führt zu Widerstand Veränderungen gegenüber. Wenn die Menschen nicht wissen, wohin sie der nächste Schritt führt, ob der nächste organisatorische Schritt sie die Stelle kostet oder aus den geordneten Bahnen wirft, macht dies Veränderungen für sie gefährlich.

Eine große Veränderung in kleine Schritte zu unterteilen lässt Veränderungen weniger riskant und bedrohlich wirken. Die Menschen können sich auf jeden einzelnen Schritt, den sie tun, konzentrieren, haben aber nicht den Eindruck, blind über den Rand der Klippe zu springen. Sie wissen, was sie als Nächstes tun müssen. Veränderung erfordert auch Vertrauen. Vertrauen darauf, dass der neue Weg der richtige sein wird. Wenn Sie als Führungskraft nicht überzeugt davon sind, werden es auch Ihre Mitarbeiter nicht sein.

Surprise, Surprise …

Buuuuuhhhh! Wo bleibt unser Sinn für Lockerheit und Spontaneität? Wenn wir ehrlich sind, lieben wir ja Überraschungen nicht einmal mehr zu Weihnachten. Menschen sind leicht von Entscheidungen oder Anfragen schockiert, die ihnen ohne Ankündigung oder Vorbereitung präsentiert werden. Ihre erste Reaktion auf etwas völlig Neues und Unerwartetes, auf das sie sich nicht hinreichend vorbereiten konnten, ist Widerstand.

Entscheidungen über Veränderungen können einen solchen Schock auslösen, dass keine Zeit bleibt, sich daran zu gewöhnen oder ihn zu verdauen und abzuwarten, welche positiven Seiten die Veränderung haben könnte. Also fühlen wir uns bedroht und widersetzen uns mit aller Kraft.

Es ist wichtig, Mitarbeiter nicht nur mit Informationen zu versorgen, um sie in die Veränderung einzubinden, sondern auch für ein angemessenes Timing für die Freigabe der Informationen zu sorgen. Wie es nicht geht, haben in diesem Punkt in den letzten Jahren diverse Konzerne gezeigt. Leider mit wenig Lernerfolg für die anderen.

Routine

Routine ist zwar nicht sexy, aber hilfreich. Menschen orientieren sich an immer wiederkehrenden Abläufen und im Laufe der Zeit sind diese dann so vertraut, dass sie sie vermissen, wenn sie nicht mehr da sind.

Ein großer Teil der Arbeit in Organisationen läuft rein gewohnheitsmäßig ab. Dies ist notwendig, um Abläufe ökonomisch zu gestalten. Zu viele und zu schnelle Veränderungen machen Routine unmöglich und rufen Widerstand hervor. Daher gibt es ein wichtiges Ziel bei der Handhabung von Veränderungen: die Zahl der Neuerungen, die durch Veränderungen herbeigeführt werden, zu reduzieren und so viele Gewohnheiten und Rituale wie möglich bestehen zu lassen.

Gesichtsverlust

»Blamiere dich täglich!«, hat Dale Carnegie einmal gesagt. Recht hat er, doch bei den meisten Menschen überwiegt die Angst vor dem Versagen. Dass sie sich aber gerade deshalb oft blamieren, ist ihnen gar nicht bewusst. Wenn die Akzeptanz von Veränderung bedeutet, dass die Dinge, die früher getan wurden, jetzt falsch sind, widersetzen sich Menschen. Niemand möchte sein Gesicht verlieren oder sich vor seinen Kollegen blamieren. Menschen unternehmen große Anstrengungen, um ihr Gesicht zu wahren, indem sie sich sogar für Aktionen engagieren, die ihren langfristigen Interessen widersprechen, um einer Blamage zu entgehen.

Sorge um zukünftige Kompetenzen

Besitze ich morgen die Kompetenzen, die ich brauche, um meine Vermittelbarkeit sicherzustellen? Viele Know-hower wissen, welche Fähigkeiten sie morgen brauchen. Die Do-hower eignen sich diese jedoch schon heute an.

Manchmal widerstehen die Menschen Veränderungen, weil sie denken: »Kann ich das tun? Wie soll ich es machen? Werde ich es unter den neuen Bedingungen schaffen? Habe ich die Fähigkeiten, nach dem neuen Verfahren vorzugehen?«

Es ist wesentlich, sicherzustellen, dass sich die Leute kompetent fühlen und dass es genügend Unterweisung und Fortbildung gibt. Menschen müssen verstehen, was geschieht, und wissen, dass sie das Neue beherrschen werden. Positive Verstärkung ist beim Umgang mit Veränderung wichtiger als beim Umgang mit Routinesituationen.

Zusätzlich zur Weiterbildung brauchen Menschen auch die Möglichkeit, ihre Fähigkeiten oder Handlungsweisen zu erproben, ohne dass sie das Gefühl haben, auf die Probe gestellt zu werden, oder befürchten müssen, sich vor Kollegen lächerlich zu machen. Sie brauchen eine Chance, sich mit den neuen Routinen oder Verhaltensweisen wohl zu fühlen, ohne sich dumm vorzukommen, wenn sie nachfragen müssen.

Mehr Arbeit

Schade, dass Veränderungen sehr oft mit »mehr Arbeit« in Verbindung gebracht werden. Denn oft bietet die Veränderung nicht mehr, sondern bessere Arbeit.

Veränderungen erfordern mehr Energie, mehr Zeit und eine größere mentale Auseinandersetzung. Veränderung erfordert über das Gewohnte hinausgehende und längerfristige Anstrengungen. Sie kommt nicht automatisch. Sie kann nicht ohne Extraaufwand geschehen und erfordert Zeit.

Menschen brauchen Unterstützung und Ausgleich für die zusätzliche Arbeit, um vom Widerstand zum Engagement zu gelangen. Vorgesetzte können anerkennen, dass die zusätzliche Anstrengung freiwillig erfolgt und dass sie nicht selbstverständlich ist, und den Leuten danken, indem sie ihnen sowohl Anerkennung geben als auch zusätzliche Unterstützung oder notwendigen Zuspruch. Ein einfaches Dankeschön bewirkt hier Wunder! Wenn der Mitarbeiter härter arbeitet, hilft es ihm sicherlich, zu wissen, dass der Vorgesetzte diese zusätzliche Anstrengung und Zeit anerkennt. Anerkennung im richtigen Moment kann bei den Mitarbeitern den Weg für weitere Veränderungen ebnen.

Reale Bedrohung

Wir widersetzen uns Veränderungsprozessen nicht zuletzt deshalb, weil wir unsere Position, unseren Status in Gefahr sehen. Tatsächlich schafft Veränderung beides: Gewinner und Verlierer. Manchmal verlieren Menschen ihren Status, ihr Wohlbefinden, ihr Ansehen oder ihre Macht aufgrund der Veränderung.

Das Entscheidende ist, keine falschen Versprechungen zu machen. Wenn Menschen etwas verlieren werden, sollten sie lieber früh darüber unterrichtet werden. Das ist jedenfalls besser als sie mit ihrer ständigen Sorge allein zu lassen. Sie würden mit ihrer Angst und Abwehr auch andere anstecken. Und wenn Menschen entlassen oder versetzt werden müssen, ist es menschlicher, dies schnell zu tun.

Veränderung ist jedoch niemals völlig negativ; sie ist auch eine riesige Möglichkeit. Aber selbst in dieser Gelegenheit steckt ein wenig Verlust. Es kann der Verlust der Vergangenheit sein, der Verlust von Routine und Bequemlichkeit, von wichtigen Traditionen, vielleicht auch der Verlust von Beziehungen, die mit der Zeit sehr eng wurden. Die Dinge werden nicht mehr dieselben sein.

Der Widerstand gegen Veränderungen ist nicht irrational, denn er entstammt guten und nachvollziehbaren Bedenken. Vorgesetzte, die die Quellen des Widerstandes analysieren können, sind am besten in der Lage, Lösungen zu finden – und mit Veränderung geschmeidig und effektiv umzugehen.

Sie sehen, wir sind mehr auf Ablehnung als auf Offenheit programmiert. Auch wir Do-hower. Außer wir überlisten uns ... Veränderungen bringen neue Dinge mit sich, mit denen wir erst noch lernen müssen umzugehen. Mit dem Vertrauten kennen wir uns aus, aber Neues wirkt bedrohlich, weil wir nicht einschätzen können, welche möglichen Gefahren und Unannehmlichkeiten damit verbunden sind. Unsere Skepsis oder Angst im Hinblick auf Veränderungen ist vollkommen natürlich, denn sie schützt uns auch vor falschen Entscheidungen und sichert so unser Überleben. Sie dürfen sich von diesen Impulsen nur nicht beherrschen lassen. Sie haben als hoch entwickeltes Lebewesen viele verschiedene Möglichkeiten, aktiv mit den Gefühlen umzugehen, die mit Veränderungen verbunden sind. Sie können lernen, Veränderungen als etwas Positives zu erkennen und aktiv etwas daraus zu machen. Je mehr Sie über Veränderungsprozesse wissen, desto leichter wird es Ihnen fallen, sie zu Ihrem Vorteil zu nutzen. Genau das ist es, was Do-hower tun. Sie nutzen das Wissen zu ihrem Vorteil!

Warum uns Veränderungen Angst machen

Jedes Lebewesen ist grundsätzlich auf den Erhalt seiner Art ausgerichtet oder anders gesagt: Jedes Lebewesen will überleben. Alles, was neu ist, bedroht möglicherweise unser Überleben, und deshalb reagieren wir mindestens mit Vorsicht und Skepsis, möglicherweise mit Angst und vielleicht sogar mit Panik darauf. Diese erste Reaktion auf Neues ist im so genannten Stammhirn verankert, dem primitiven, instinktgesteuerten Teil unseres Gehirns, den unsere Vorfahren schon vor hunderttausend Jahren hatten. Was diesen ersten Schock angeht, helfen Ihnen weder Ihre Rationalität noch Ihr Intellekt. Wenn Ihr Stammhirn im Bruchteil einer Sekunde entscheidet, dass eine neue Situation Gefahr bedeutet, bekommen Sie Angst. Erst in einem weiteren Schritt können Sie dann mit Ihrer Fähigkeit zur Erkenntnis Ihre Gefühle und Handlungen beeinflussen.

Oft scheinen Veränderungen einfach so aus dem Nichts zu kommen

Es gibt Veränderungen, die scheinbar von außen kommen – zum Beispiel, dass die Krankenversicherung ihre Prämien erhöht. Wie aus heiterem Himmel stehen wir vor der Veränderung – aussuchen konnten wir es uns nicht. Wirklich nicht?

Wir warten oft so lange, bis wir nur noch reagieren können. Viele Menschen fühlen sich wie ein Spielball ihres Umfeldes. Sie haben das Gefühl, dass sie nur noch auf das reagieren können, was um sie herum geschieht. Sie versuchen, auf den vorbeibrausenden Zug zu springen, landen unsanft auf den Geleisen und können gerade noch die Rücklichter des Schlusswagens erkennen. Solche Menschen denken, Veränderungen kommen ständig von außen, so dass sie nichts dagegen tun können, außer auf sie zu reagieren. Tatsächlich aber warten wir mit Entscheidungen zu lange. Wir werden selbst erst aktiv, wenn es nicht mehr anders geht. Und dann haben wir den Eindruck, dass wir nur noch reagieren können, selbst aber keine Wahl hatten. In Wirklichkeit hätten wir die Situation selbst verändern können.

Ein Beispiel: Sie werden entlassen! Nehmen wir an, Sie sitzen an Ihrem Schreibtisch und plötzlich kommt ein Kollege herein, der Ihnen mitteilt, dass Sie doch bitte zur Chefin kommen sollen. Dort eröffnet Ihnen nun Ihre Vorgesetzte im Beisein des Personalchefs, dass die Firma es sehr bedauert, aber dass sie sich leider von Ihnen als Mitarbeiter oder Mitarbeiterin trennen muss. Sie werden zum nächstmöglichen Termin gekündigt.

- Ein Schicksalsschlag?
- Eine Veränderung völlig aus heiterem Himmel?
- Und Sie konnten das überhaupt nicht absehen?
- Es gab keine Vorzeichen?
- Keine Vorahnung?
- Ist das wirklich so?
- O Schreck, o Schreck, der Job ist weg?

Vorzeichen erkennen und Konsequenzen daraus ziehen

Fast allen Veränderungen gehen Vorzeichen voraus. Im obigen Beispiel können es möglicherweise schlechte Geschäftsergebnisse der Firma, Auslagerungsmaßnahmen oder andere Umstrukturierungen gewesen sein. Entscheidend ist nur, ob wir diese Vorzeichen wahrnehmen und dann auch danach handeln. In der Regel haben wir sehr viele Möglichkeiten, zu erkennen, in welche Richtung etwas verlaufen wird. Wir müssen nur die Augen und Ohren öffnen. Vor allem müssen wir aber auf unseren Bauch hören. So können Sie selbst Ihr Leben gestalten und eine selbst gewählte und für Sie vorteilhafte Veränderung bewirken. Auch wenn das heutzutage schwieriger ist als früher, sollten Sie rechtzeitig einen besseren Job suchen.

Handlungsalternativen gleich null?

Wenn uns eine Veränderung scheinbar aus heiterem Himmel trifft, befinden wir uns an einem Punkt, an dem wir nichts anderes tun können, als auf die Veränderung zu reagieren. Unsere Handlungsmöglichkeiten sind dann sehr eingeschränkt, und es geht oft nur noch darum, Schaden zu begrenzen. Im Vorfeld hätte es sicher unzählige Möglichkeiten gegeben, die Situation selbst aktiv zu gestalten. Viele Menschen sind aber zu bequem, zu ängstlich oder auch einfach zu unachtsam bezüglich der kleinen und großen Signale, mit denen sich eine Veränderung meistens ankündigt. Im Beispielfall hätte man im Vorfeld erkennen können, dass der Arbeitsplatz gefährdet ist. Beispielsweise, weil die Arbeit der Kollegen verstärkt von neuen Technologien übernommen wurde oder die Firma immer mehr in die roten Zahlen geriet. Man hätte dann die Möglichkeit gehabt, die weitere Zukunft in Ruhe zu planen, sich einen neuen Job zu suchen oder sich in der Firma in einem bestimmten Feld unentbehrlich zu machen. Wenn aber alle Zeichen ignoriert werden, kommt irgendwann der Augenblick, an dem uns die

Veränderung – im genannten Beispiel die Kündigung – tatsächlich wie ein Schicksalsschlag trifft. Dann kann man nur noch reagieren. Dann fühlen wir uns in der Regel überfordert, hilflos und sind sehr verunsichert.

Agieren statt reagieren

Ganz anders fühlen Sie sich, wenn Sie das, was um Sie herum passiert, bewusst wahrnehmen, kleine Signale erkennen, und wenn Sie beginnen, Veränderungen selbst bewusst anzustoßen. Sie können dann Entscheidungen bezüglich anstehender Veränderungen treffen. Sie müssen nicht mehr nur reagieren. Sie entscheiden sich dann vielleicht auch bereits für eine Veränderung, selbst wenn es eigentlich noch nicht zwingend notwendig ist. So wird vorgebeugt. Ein solcher Zeitpunkt ist gekommen, wenn Sie etwa an nur kleinen Anzeichen gesundheitliche Probleme bemerken. Denken Sie nur an das Burn-out-Syndrom. Vielleicht bekommen Sie das Symptom mit ein bisschen Erholung oder mit Medikamenten wieder in den Griff. Hier wäre es aber sicher angebrachter, einmal zu überlegen, ob Sie etwas an Ihrer Lebensweise ändern müssen. Tun Sie es nicht, könnte irgendwann der Punkt kommen, an dem Sie ernsthaft erkranken. Das wäre dann ein »Schicksalsschlag«. Dann sind Sie gezwungen, etwas zu tun. Idealerweise reagieren Sie aber schon, bevor die ersten ernsten Schwierigkeiten aufkommen.

Auch selbst gewählte Veränderungen können Angst machen

Natürlich können auch solche selbst gewählten Veränderungen Angst und Unsicherheit auslösen. Aber hier übernehmen Sie immerhin den aktiven Part in der Situation. Sie gestalten Ihr Leben selbst. Dafür brauchen Sie Mut und Kraft und, um durchzuhalten, Disziplin und Eigenmotivation. All das, was Do-hower eben auszeichnet.

Vom Umgang mit anderen in Bezug auf Veränderungen

Vielleicht haben Sie nun für sich herausgefunden, dass es durchaus einiges gibt, was Sie verändern möchten oder sogar müssen. Dann sind Sie jetzt möglicherweise voller Entschlossenheit und Energie. Wenn Sie aber nun losstürmen und alles in Ihrem Leben und Ihrem Umfeld verändern wollen, kann das andere Menschen schnell überfordern. Erwarten Sie bitte keine Freudenrufe von anderen Menschen, wenn Sie beginnen, sich und Ihr Leben aktiv zu verändern. Gehen Sie wohlüberlegt vor, wenn Sie sich dafür entschieden haben, etwas ändern zu wollen ... Und nun? War es das? Ein Kapitel voller Weisheiten und Allgemeinplätze? Tausendmal gehört? Im Westen nichts Neues?

Ich habe das große Glück, jedes Jahr hunderte von berufstätigen Menschen kennen zu lernen. Mitarbeitende und Manager aus allen Branchen. Menschen mit verschiedenen Aufgaben und Vergangenheiten. Keine Kompetenz scheint mir jedoch derzeit gefragter zu sein als die Kompetenz, mit Veränderungen umgehen zu können. Über Change Management wurde viel geschrieben. Wie vieles wurde es von den Knowhowern verkompliziert und vertheoretisiert. Prägen Sie sich die nachfolgenden sieben Schritte ein, und Sie kommen besser durchs Leben! Geben Sie sie Ihren Mitarbeitern weiter und helfen Sie so mit, Stolpersteine aus dem Weg zu räumen. Das ist es nämlich, was Do-hower tun.

Die sieben Schritte des Veränderungsprozesses

1. Überraschungsphase

Unsere erste Reaktion auf eine Veränderung ist ein Schock und Verwirrung. Dies hat seine Ursache in dem entwicklungsgeschichtlich sehr alten Teil unseres Gehirns, dem Stammhirn. Das Stammhirn erfüllt für uns eine ganz wesentliche Schutzfunktion: Hier wird im Bruchteil einer Sekunde entschieden, ob wir in einer Situation fliehen oder kämpfen sollen. Die anderen Teile des Gehirns reagieren deutlich langsamer. Wann immer eine neue Situation auftaucht, müssen wir damit rechnen, dass uns unsere bisherigen Annahmen, Fähigkeiten oder Verhaltensweisen in dieser Situation nichts nützen. Das macht Angst. Die Überraschungsphase ist also völlig natürlich.

2. Ablehnungsphase

Dem Schock folgt die Verneinung der Realität: »Das kann nicht sein!« Wir wollen die Situation wieder in den Griff bekommen, weigern uns aber, die veränderte Situation anzuerkennen. Dabei sollten wir uns an dieser Stelle immer eines fragen: »Kann ich das, was ich gerade mit aller Kraft ablehne, auch wirklich verändern? Oder lehne ich gerade etwas ab, was ich eh nicht ändern kann?« Was, vorsichtig ausgedrückt, nicht sehr clever wäre. Trotzdem erlebe ich immer wieder, wie in Firmen Dinge diskutiert, ja abgelehnt werden, die von den Betroffenen selbst gar nicht verändert werden können.

Ein Beispiel: Das Logo einer Großbank wurde modifiziert. Während Wochen mokierten sich die Mitarbeiter über das neue, »schreckliche« Logo. Mails wurden geschrieben, Leserbriefe verfasst und in jeder Kaffeepause und bei jedem Essen war es während der nächsten Wochen das Thema Nummer eins. Wenn diese Mitarbeiter sich so leidenschaftlich für ihre Kunden einsetzen würden wie gegen den Relaunch des Logos, dann gäbe es den Begriff Servicewüste nicht.

Noch ein Beispiel: Da traf ich in einem Hotel Mitarbeiterinnen mit zwei verschiedenfarbigen Halstüchern. Als ich mich erkundigte, was es denn damit auf sich hätte, entflammte gleich eine emotionale Debatte. Das Hotel war vor 18 Monaten von einer Gruppe übernommen worden, aber heute noch weigern sich einige Mitarbeiterinnen, die neuen Tücher zu tragen. Früher war eben alles besser.

Ich persönlich halte die zweite Phase für die wichtigste. Wenn wir es schaffen, bei jeder Veränderung kurz unser Gehirn einzuschalten und uns zu fragen: »Kann ich das ändern?«, dann werden wir nur noch Energien aufwenden für Dinge, die wir ändern können. »Love it or change it. If you can't change it, forget about it!«

3. Die Phase der Einsicht

Nachdem aber nun auch der verstärkte Energieeinsatz beim Verneinen der Realität keinen Erfolg zeigt, beginnen wir rational einzusehen, dass sich etwas verändert hat. In dieser dritten Phase begeben wir uns häufig in so genannte »Verneinungsschleifen«. Uns kommen Gedanken wie: »Ich will abnehmen, aber ...«, »Am 1. Januar möchte ich mit Rauchen aufhören ...«

Wir sehen zwar die Notwendigkeit der Veränderung ein, aber wir finden noch keine Lösung, die uns weiterbringt, und wir wollen auch die möglicherweise notwendigen Konsequenzen nicht in Kauf nehmen. Wir sind noch nicht bereit, uns zu ändern. Unsere Wahrnehmung orientiert sich noch an der Vergangenheit, wir haben die alte Situation emotional noch nicht losgelassen. Unsere subjektiv empfundene Eigenkompetenz steigt hier immer wieder, wenn wir glauben, jetzt die richtige Lösung gefunden zu haben, sinkt dann aber bei der Erkenntnis, dass sie es doch nicht war.

4. Emotionale Akzeptanz

Die vierte Phase ist die schmerzlichste, gleichzeitig aber die wichtigste. An diesem Punkt erkennen wir, dass wir nicht weiterkommen wie bisher. Wir haben alles versucht – nichts hat geholfen. In dieser Phase erkennen wir, dass wir das Alte loslassen müssen, um frei zu werden für das Neue. Diese Phase kann auch das »Tal der Tränen« genannt werden, weil diese Erkenntnisse meist schmerzlich sind. Es hilft, sich klarzumachen, dass erst durch das Tal der Tränen der Weg in neue Gefilde frei wird. Ein Gedanke dazu ist: »O. k., ich muss neu anfangen.« Ohne diese vierte Phase können wir schlicht keine Veränderungen erreichen. Viele Menschen versuchen, diese Phase zu vermeiden, um dem Schmerz aus dem Weg zu gehen. Das führt meist dazu, dass sie sich immer weiter in Verneinungsschleifen begeben und nicht vorankommen. Um auch emotional zu begreifen, dass sich tatsächlich etwas verändern muss, müssen wir bereit sein, unsere Eigenkompetenz zu Gunsten der emotionalen Erfahrung loszulassen. Es geht darum, sich nicht weiter zu wehren, sondern aktiv an der Veränderung mitzuarbeiten.

5. Lernphase

Nach dem »Tal der Tränen«, also nach der emotionalen Erkenntnis, dass sich nun tatsächlich etwas verändern muss, werden wir frei für neue Lösungsansätze. Wir beginnen nun, Neues auszuprobieren. Wir entwickeln Ideen und beginnen zu experimentieren. Unsere subjektiv empfundene Eigenkompetenz steigt dadurch, dass wir aktiv werden. Dabei geschehen immer auch Fehler. Diese Fehler helfen uns auf dem Weg, eine geeignete Strategie zu entwickeln. Die Eigenkompetenz sinkt immer wieder ein wenig, wenn wir eine Idee verwerfen müssen, in der Summe aber steigt sie. Das Motto dieser Phase lautet: »Versuch und Irrtum bringen mich weiter.«

6. Integrationsphase

Irgendwann finden wir eine Lösung oder eine hilfreiche Strategie, die uns weiterbringt. In der sechsten Phase befindet sich unsere Eigenkompetenz auf einem höheren Level als zu Beginn des Veränderungsprozesses. Wir haben etwas gelernt. Wir haben eine neue Strategie entwickelt, um mit einer uns zuvor unbekannten Situation klarzukommen. Wir übernehmen Verhaltensweisen, die sich als erfolgreich herausgestellt haben, in unser Handlungsrepertoire, welches sich dadurch kontinuierlich erweitert. Wir empfinden Zufriedenheit, da wir etwas geschafft und bewiesen haben, dass wir lernfähige Wesen sind.

7. Visionen und Ziele

Der gesamte Prozess bekommt eine andere Dynamik, wenn an seinem Ende ein klar definiertes Ziel oder eine attraktive Vision steht. Ein Ziel oder eine Vision wirkt wie ein Magnet. Wenn wir wissen, wohin wir wollen, dann halten wir Zeiten des Misserfolgs besser aus.

23. Mitarbeiter sind keine Unternehmer

Telekom-Mitarbeiter, die keine Telekom-Aktien
kaufen, sollten wegen Verwendung von
Insider-Wissen bestraft werden.
Azkin Kaden

Jeder möchte mitreden.
Doch wer nicht mit eigenem Geld am
Misserfolg einer Entscheidung beteiligt ist,
der ist kein Unternehmer.
Zeit, mit Irrtümern aufzuräumen.

Wann darf ein Mitarbeiter selbständig entscheiden? Wann nicht? Diese Frage stellen sich viele Mitarbeitende und ihre Chefs. Nicht jeder ist ein Entscheider-Typ und andere wiederum entscheiden zu viel. Doch was darf und soll ein Mitarbeiter entscheiden?

Viele Unternehmen greifen dazu auf Weisungen und Befugnisse zurück, die in Stellenbeschreibungen angegeben sind, doch diese sind meist nur hinderlich und schwer verständlich. Tempo ist heute sehr wichtig und Schnelligkeit bringt viele Vorteile. Vor allem der Kunde profitiert von kurzen Entscheidungswegen. Nachfolgendes Prinzip von Jörg Neumann funktioniert in unserer Firma seit Jahren hervorragend.

Das Boots-Entscheidungsprinzip

Zeichnen Sie ein großes Segelschiff – das für Ihre Firma steht – und markieren Sie die Wasserlinie. Nun erklären Sie Ihren Mitarbeitenden folgende These: Bevor etwas entschieden wird, überlegt sich jeder, was passieren kann, wenn sich die Entscheidung als falsch herausstellt. Bildlich gesprochen heißt das: Wenn die Entscheidung nur ein Loch ins Segel reißt, dann kann der Mitarbeiter selbständig entscheiden. Das Boot (unsere Firma) wird dann für eine kurze Zeit etwas langsamer fahren, jedoch keine schwerwiegenden Schäden davontragen.

Wenn eine fehlerhafte Entscheidung zu einem Schuss unter die Wasserlinie führen kann, dann darf nicht selbständig entschieden werden, weil die Folge daraus so schwerwiegend ist, dass das Boot sinkt. Diese Verantwortung kann dann nur der Unternehmer auf sich nehmen, denn ihm gehört das Schiff, er ist für die Kosten aufgekommen.

Es ist schon so: Viele wollen mitkochen, aber nur wenige möchten die Suppe auslöffeln, wenn sie versalzen ist.

Mitarbeiter sind jedoch keine Mitunternehmer. Mit diesem Ausspruch habe ich viele Leute vor den Kopf gestoßen. Vor allem auch CEOs, die ja auch Mitarbeiter sind. Sonst wären sie nicht nur gewinnbeteiligt, sondern vor allem auch verlustbeteiligt. Sie sind entweder Unternehmer oder Mitarbeiter. Frau ist schließlich auch nicht nur »ein bisschen« schwanger.

Macht ausüben durch Mitbestimmung, ohne allerdings die finanzielle und ethische Verantwortung zu übernehmen, das geht nicht. Unternehmertum ist keine Gruppenarbeit, sondern die ultimative Konsequenz von Risikobereitschaft.

Was macht es letztlich aus, ob jemand ein Mitarbeiter bleibt oder Unternehmer wird? Intelligenz? Machtbesessenheit? Oder einfach nur ein starkes Ego? Es gibt zahlreiche Definitionen. Meine ist simpel, sie lautet: Risikobereitschaft.

Während ein Mitarbeiter darauf bedacht ist, als Gegenleistung für seine Arbeit das bestmögliche Gehalt zu kassieren, konzentriert sich der Unternehmer darauf, alle seine Kraft und Mittel dafür einzusetzen, eine Organisation zu gründen, die er auf- und ausbauen kann, und, wenn möglich, gewinnbringend zu verkaufen. Das geht nur, wenn er übermäßig risikobereit ist und seine ganze Konzentration auf die Firma ausrichtet. Dazu reicht es allerdings nicht aus, eine gute Idee zu haben: »Ich könnte mich selbständig machen. Ich habe ein geniales Konzept erarbeitet, das in meiner Schublade liegt und jederzeit lanciert werden könnte.« Eine typische »Know-hower-Aussage«. Kaum jemand, der so spricht, hat den Sprung in die Selbständigkeit wirklich gewagt. Ein Konzept nutzt nur dann etwas, wenn es erfolgreich beim Kunden landet und nicht wenn es in der Schublade liegt. In Wahrheit sind nicht wenige Mitarbeiter und Führungskräfte Besitzstandsbewahrer. Macht ausüben ja, Verantwortung tragen nein, heißt die Devise.

»Mitarbeiter müssen unternehmerisch denken und handeln und mit dem Geld so umgehen, als wäre es ihr eigenes.« Bei dieser Aussage handelt es sich ebenfalls um Wunschdenken. Auch wenn dieser Satz in ähnlichem Wortlaut in vielen Leitbildern steht, ist er kompletter Schwachsinn. Wenn dem so wäre, hätten sich in den letzten Jahren nicht so viele Führungskräfte und Mitarbeiter an der eigenen Firma bereichert, denken wir nur an die vielen Abzocker in den Chefetagen. An unberechtigte, überhöhte Bonusauszahlungen, an Stargehälter für durchschnittliche Leistungen. An Gelder, die sich gewisse Führungskräfte noch auszahlten, als die Kasse schon leer und hunderte von Mitarbeitenden bereits entlassen waren. Keiner, der mit eigenem Geld an einer Firma beteiligt ist, würde so etwas tun.

Aber auch kein geringer prozentueller Anteil der Mitarbeiter bereichert sich ungerechtfertigter Weise an ihren eigenen Arbeitgebern. Sie produzieren Spesen, die nicht zu entschuldigen sind. Ausgaben, die sie so nie tätigen würden, wenn es ihr eigenes Geld wäre. Hier ein Beispiel aus meiner eigenen Firma.

Never fuck your own company

In den ersten Jahren unseres Unternehmertums gewährten wir jedem Mitarbeiter ein Firmenfahrzeug. Daraus errechnete sich für diesen rasch ein finanzieller Vorteil von etwa 600 Euro monatlich, die er an privaten Kosten sparen konnte, respektive an Steuern! Ich durfte also davon ausgehen, dass ein Mitarbeiter dies als wertvollen Lohnbestandteil erkannte und schätzte. Doch weit gefehlt: Auf das Gehalt angesprochen, wurde bei Lohngesprächen nur die nackte Bruttozahl genannt. Weiterbildung, Auto, Bahnkarte und kostenlose Verpflegung wurden nicht einmal ansatzweise erwähnt. Schlimmer noch: Nun, da sie dies alles bekamen, galten diese zusätzlichen Leistungen, diese Fringe Benefits bereits als selbstverständlich.

Ich hatte das Gefühl, dass nur die, die nicht bei uns arbeiteten, diese als großzügig bewerteten und dass jene Mitarbeiter, die in den Genuss der Fringe Benefits kamen, dies als ganz normal ansahen.

Als ich einmal eines der durch die Firma finanzierten Fahrzeuge benutzte, traf mich fast der Schlag! Am Auto des Mitarbeiters entdeckte ich drei Lackschäden, und obwohl es schon Ende Mai war, war das Auto noch winterbereift, und im Inneren des Fahrzeuges war es so unordentlich, dass keinem unserer Kunden eine Mitfahrgelegenheit hätte angeboten werden können. Genau dieser Mitarbeiter hatte einen privaten Zweitwagen, den er mit seiner Freundin teilte und der sich, wie könnte es anders sein, in tadellosem Zustand präsentierte. Dass gerade er es war, der das Wort Mitunternehmer in unserer Firma in den Mund nahm, verwundert mich im Nachhinein nicht mehr. Er arbeitet heute in der Verwaltung.

Bei all diesen Problemen bleibt die Tatsache bestehen, dass mein Geschäftspartner und ich die Alleinverantwortlichen für solche Situationen sind. Niemand ist schuld außer uns. In den zehn Jahren Unternehmertum haben wir unsere Lektionen gelernt. Allerdings auf kostspielige Art.

Unternehmerisches Denken und Handeln ist definitiv nicht Aufgabe der Mitarbeiter, sondern des Unternehmers. Er muss dafür sorgen, dass er für die Löhne, die er bezahlt, eine optimale Leistung erhält. Vor allem aber muss er sicherstellen, dass er von Talenten umgeben ist. Wenn er dazu für die Mitarbeitenden ein motivierendes Arbeitsumfeld schafft, umso besser!

24. Ziel oder Traum

Wer keine Ziele hat, muss sich nicht wundern,
wenn er ganz woanders ankommt, als er geplant hatte.
Unbekannt

Wie verbringen Ihre Mitarbeiter
ihre Arbeitstage? Mit Zeit-Vertreiben
oder mit Ziele-Erreichen?
Der Unterschied zwischen einem Traum
und einem Ziel ist die Umsetzung.

1953 interviewte eine Forschergruppe die Absolventen an der Yale-Universität nach ihren persönlichen Zielen. Nur 3% hatten ein klares Ziel vor Augen, einen konkreten schriftlichen Umsetzungsplan.

1973 interviewten die Wissenschaftler dieselbe Gruppe nochmal. Sie fanden heraus, dass die 3%, die ein Ziel gehabt hatten, zusammen mehr Geld verdienten als die 97%, die ihre Ziele nicht schriftlich formuliert hatten. Das Verblüffende dabei war jedoch, dass sie bei der Befragung auch in puncto Lebenszufriedenheit und Glück besser abschnitten. Die 3% hatten ihre Ziele umgesetzt. Es ist die Umsetzung, die den Traum vom Erreichen des Ziels unterscheidet!

Was diese Absolventen getan haben, sollte in jeder Firma gang und gäbe sein: die schriftliche Fixierung wichtiger Etappen. Ein Beispiel: »Ich werde alle Qualifikationsgespräche mit meinen Teammitgliedern gemäß internen Standards bis zum 30. November 2002 abgeschlossen haben. Am 2. Dezember 2002 werde ich dann die kompletten Unterlagen dem Leiter der Personalabteilung überreichen.«

Die erste Aufgabe wirksamen Managements ist es, für Ziele zu sorgen, schrieb Fredmund Malik in seinem Bestseller »Führen, Leben, Leisten«. Genau das ist unsere Aufgabe. Durch Ziele bewegen wir uns und stellen den Fortschritt sicher. Persönlich wie betriebswirtschaftlich.

»Brauchen wir denn immer neue Ziele?« Diese Frage stellte mir eine Teilnehmerin eines unserer Do-how-Führungsworkshops. Zugegeben, ich war zuerst etwas irritiert, dass eine solche Frage von einer Führungskraft kam. Doch dann begann eine philosophische Diskussion und endete mit der Einsicht, dass wir Menschen sehr wohl Ziele benötigen. Zum einen sind sie Triebfedern unseres Handelns, und zum anderen können wir nur anhand von Zielen nachvollziehen, ob wir gewonnen oder verloren haben.

Management by Objectives

Wenn ich diese Worte nur schon höre, kriege ich eine Hühnerhaut. Es erinnert mich an die ineffizienteste Phase unserer Firma. Es gibt Zielvereinbarungen, die sind eher umständlich, als dass sie etwas bringen: Management by Objectives gehört dazu! MbO, das bedeutet so viel wie »Führen durch Ziele«. Noch vor vier Jahren hatten wir in unserer Firma MbO-Programme für unsere Mitarbeiter. Wir dachten, wenn es von so vielen Firmen angewendet wird, dann ist das auch für uns gut. Weit gefehlt. Wenn wir heute auf eines gut verzichten können, dann auf diesen administrativen Wahnsinn.

Wir einigten uns mit jedem Mitarbeiter auf drei Ziele, von denen zwei qualitativer Natur und eines quantitativer Natur war. Wir legten mit dem Mitarbeiter die genaue Zielformulierung und den Zielerreichungsgrad fest und starteten ins neue Jahr.

Die Erfahrungen waren eher ernüchternd:

- Der administrative Aufwand war zu groß.
- Die Kontrolle war zu aufwendig (Milestones-Kontrolle).
- Der Streuverlust der Ziele in der Firma war zu groß.
- Die Frustration war vorprogrammiert.

Obwohl wir einem Mitarbeiter am Ende des Jahres haargenau aufzeigen konnten, weshalb er seine Ziele teilweise nicht erreicht hatte, und er das auch einsah, war die Enttäuschung über den nicht vollständig erreichten Bonus riesig. Am Schluss hatten wir das Problem, durch MbO Probleme geschaffen zu haben, ohne die wir weit besser durchs Jahr gekommen wären.

Welche Ziele?

Was mich wirklich wundert, ist, dass gerade in Unternehmen, die mit MbO arbeiten, kaum einer eine Ahnung davon hat, was denn nun wirklich das Ziel der Firma oder der Abteilung ist. Die Frage: »Welche Ziele verfolgen Sie in Ihrer Abteilung?«

wird selbst von Führungskräften, die diese Abteilungen leiten, oft mit Schulterzucken beantwortet. So genau könne man das nicht sagen, es sei eine Vielzahl von Aufgaben zu bewältigen. Aufgaben sind also Ziele? Oder wie? Oder was?

Es gibt langfristige, kurzfristige, mittelfristige, unrealistische, erreichte, strategische, persönliche, Jahres-, Quartals-, operative, Bereichs- und Gesamtziele. Alle können allgemein oder konkret oder eben gar nicht formuliert werden. Schriftlich, mündlich oder wie auch immer.

Kaukasus oder Malediven?

Definieren Sie in Ihrer Abteilung »führen« klar und deutlich damit, Ziele zu verfolgen. Jeder Mitarbeiter muss mindestens ein genaues Bild im Kopf haben, wohin die Reise geht. Damit meine ich das Unternehmensziel. Statt den Mitarbeitern Zahlen an den Kopf zu werfen, die ihnen nichts sagen, erzählen Sie eine Story, die aufzeigt, was Sie gemeinsam erreichen möchten. Eine, die auch aufzeigt, was die Konsequenzen sind, wenn das Ziel nicht erreicht wird. Genau das Gegenteil davon machen viele Führungskräfte. Sie gestalten tolle Powerpoint-Präsentationen mit viel Text und Zahlen, die die Mitarbeiter am 1. Februar bereits aus ihrem Gedächtnis verbannt haben. Auf die Frage: »Wohin geht unsere Reise?«, darf nicht der eine Mitarbeiter »Kaukasus« und der andere »Malediven« antworten. Und genau das tun Mitarbeiter in den allermeisten Fällen. Ich überlege mir für mein Team immer ein starkes Bild oder eine Geschichte, damit es die Frage nach dem Ziel genau beantworten kann.

Ein Beispiel: Wir baten das Team bei der Jahreszielpräsentation 2003, sich zu erheben und die Augen zu schließen. Als alle die Augen geschlossen hatten, sagte ich: »Jeder zeigt jetzt bitte mit seinem rechten Arm in jene Richtung, in der er in diesem Raum Süden vermutet.« Lautes Gemurmel ertönte und jeder überlegte sich, wo denn nur Süden sein könnte. Danach sagte ich: »Verharrt nun bitte in genau dieser Position und öffnet eure Augen.«

Zielsetzg „Wo ist Süden"

Das Bild, das sich nun im Raum abzeichnete, war chaotisch: So ziemlich jeder vermutete Süden irgendwo anders, es wurde in alle Himmelsrichtungen gezeigt, in die richtige, aber auch in die entgegengesetzte.

Nun fragte ich das Team: »Was antwortet ihr, wenn euch jemand fragt, was die Hauptzielsetzung im Jahre 2004 ist? »Fällt die Antwort auch so vielfältig aus, wie ihr gerade Himmelsrichtungen angezeigt habt? Muss die Antwort nicht klar und eindeutig sein?«, hakte ich nach. Es waren sich alle einig, dass es bei einer Hauptzielsetzung keine verschiedenen Antworten geben dürfe, wenn wir das kommende Jahr erfolgreich abschließen wollten.

Nun nahm ich einen Kompass in die Hand, hob meinen Arm und richtete ihn genau in Richtung Süden aus. Als die Leute dann meinem Arm folgten und nach Süden sahen, bemerkten sie ein Flipchart, auf dem geschrieben stand: »Süden heißt 16% Umsatzsteigerung und alles, was diesem Ziel nicht förderlich ist, hat zweite Priorität.«

Danach markierten wir mit einem Filzstift an der Wand Süden und hängten das Jahresziel dort auf. Wir erläuterten dem Team die Jahreszielsetzung und die Strategie, wie wir sie zu erreichen gedachten. Jeder setzte in einem symbolischen Akt seine Unterschrift darunter und erhielt einen Kompass, auf dass er immer in die richtige Richtung arbeitete ...

Wir schlossen das Jahr mit einer Umsatzsteigerung von 24% ab. Unglaublich, aber wahr! Und dies in einer Zeit, in der der Weiterbildungsbranche die Budgets nur so zusammengestrichen wurden.

Und persönlich?

Wenn der Mitarbeiter über das Unternehmensziel oder die Unternehmensziele genau unterrichtet ist, sollten Sie mit ihm noch ein, zwei persönliche Ziele definieren. Ziele, die das Unternehmensziel unterstützen. Am besten im Rahmen des Qualifikationsgesprächs, das ich im nächsten Kapitel ansprechen werde. Auch bei den persönlichen Zielen gilt: Wenige, aber wichtige. Wichtig ist ein Ziel erst dann, wenn das Nichterreichen eines Ziels Auswirkungen hat. Alles andere ist Kosmetik. Jeder Sportler weiß, was mit ihm passiert, wenn er die Messlatte zu tief ansetzt. Stellen Sie sich bei der Zielsetzung immer die Frage: »Was ist, wenn wir das Ziel nicht erreichen?«

Worauf Do-hower bei der Zielsetzung achten

Unmissverständliche, schriftliche Formulierungen: Schreiben Sie Ihr Ziel auf. Das Visualisieren Ihrer Zielsetzung ist ein wichtiger Erfolgsfaktor in der Umsetzung. Stellen Sie sicher, dass Sie Ihr Ziel niemals in einem Ordner ablegen, sondern immer schön vor Augen halten. Vermeiden Sie Ausdrücke wie »man beabsichtigt«. Formulieren Sie Ich-Sätze: »Ich beabsichtige …«

Kommunikation: Teilen Sie Ihre Ziele möglichst vielen Menschen mit. Das macht Sie kontrollierbar und bewahrt vor zu optimistischen Formulierungen. Wenn Sie Ziele formulieren, für deren Umsetzung mehrere Personen verantwortlich sind, beziehen Sie diese am besten gleich in den Formulierungsprozess mit ein.

Zeitliche Begrenzung: Formulierungen wie »bis Frühling 2006« sind schwammig und wenig konsequent. Legen Sie ein konkretes Datum fest, an dem das Ziel erreicht sein soll.

Messbarkeit: Das Ziel muss so formuliert sein, dass Sie den Erfolg oder Misserfolg klar benennen, ja sogar messen können.

Nutzen: Das Ziel muss einen Nutzen haben. Beim oben beschriebenen Beispiel ist der Wert jener, dass Mitarbeitergespräche geführt werden, deren Erkenntnisse für das Unternehmen von großem Nutzen sind.

Fazit: Ziele müssen immer SMART sein!

Spezifisch
Messbar
Angemessen
Relevant
Terminbezogen

Um sicherzustellen, dass ich keinen Wunsch, sondern ein Ziel notiert habe, überprüfe ich meine Formulierung:

- Ist die Formulierung eindeutig, knapp und verständlich?
- Ist klar ersichtlich, wann das Ziel zu 100% erreicht ist?
- Ist das Ziel realistisch? Liegen Aufwand und Ertrag im Verhältnis?
- Ist ein Datum oder eine Zeitangabe definiert, bis wann das Ziel umgesetzt sein soll?
- Was sind die Auswirkungen, wenn ich das Ziel verfehle?

Übrigens: Auf unserer Website www.nzp.ch oder aber www.do-how.ch finden Sie eine praktische Unterstützung für Ihre Zielsetzungen. Geben Sie dort einfach Ihre Ziele auf einer Smart-Goals-Vorlage ein. Wir machen uns dann die Mühe und erinnern Sie daran, wann Ihre Zielerreichung gemäß Ihrer Angaben fällig ist. Jene, die ihr Ziel erreicht haben, erhalten von uns ein Do-how-Zertifikat. Jene, die es verfehlt haben, ein Know-how-Zertifikat.

25. Das Qual-Gespräch

»Das war ein gutes Gespräch«, sagt immer der,
der am meisten geredet hat.
Peter Hohl, Schriftsteller

So sicher, wie im Herbst die Blätter fallen, so sicher taucht auch das Qualifikationsgespräch in der Herbst-Agenda von Manager und Mitarbeiter auf. Für beide ist es in der Regel eine Qual. Dabei ist kein Gespräch für einen Manager wichtiger als ein Qualifikationsgespräch. Hier gewinnt sein Image an Ansehen oder es verliert.

Hand aufs Managerherz: Sind Sie eine Standard-Frau? Ein Standard-Mann? Ich meine so der Typ »Nichts Besonderes«?

Sehen Sie, jeder hält sich für etwas Besonderes, etwas Einmaliges, und das ist sie oder er ja auch. Doch wenn es um Leistungsbeurteilungen geht, halten sich viele Manager an standardisierte Kriterien und scheren alle Mitarbeitenden über den gleichen Kamm. Dabei kommt es hier mehr denn je auf die Individualität an. Sie setzen sich mit einem Menschen und seinen Aufgaben im Unternehmen auseinander und haben diese auf die Person bezogen zu bewerten. Nichts anderes ist Ihre Aufgabe, aber die muss hinhauen.

In der Praxis sieht sich ein Manager zwei Problemen gegenübergestellt:

1. Bewerte ich einen Mitarbeiter zu schlecht, dann handle ich mir ein Problem mit diesem Mitarbeiter ein. Eventuell sogar mit meinem Vorgesetzten, dem ich dies erklären muss.

2. Bewerte ich meinen Mitarbeiter zu gut, dann kommt mir dieser mit Lohnforderungen oder Beförderungswünschen, die ich meistens nicht erfüllen kann.

Da zwingt sich der goldene Mittelweg geradezu auf ...
Wir haben bei NeumannZanetti & Partner immer sehr viel Wert auf individuelle Qualifikationsgespräche gelegt. Ich erinnere mich noch gut daran, als Jörg Neumann und ich vor unseren ersten Qualifikationsgesprächen als Unternehmer standen. Wir taten das, was wohl die meisten tun, und nahmen einen Qualifikationsbogen eines früheren Arbeitgebers als Vorlage. Ein bisschen schneidern hier, ein bisschen die Darstellung verändert da und geboren war die Kopie, von der Kopie, von der Kopie, von der Kopie ...

Die Weiße-Blatt-Methode

Im Laufe der Jahre wurden wir immer besser in unserer Gesprächsführung, und wir veränderten auch von Jahr zu Jahr die

Qualifikationsvorlage und die Art, wie wir unsere Gespräche führten. Schließlich kamen wir zur besten Vorlage überhaupt: Ein leeres, weißes Blatt Papier. Das zwingt einen dazu, sich grundsätzlich mit dem Mitarbeiter und seinen Leistungen auseinander zu setzen und verhindert die »Punkt für Punkt durch die Vorlage gehen«-Methode. Mit einem weißen Blatt als Ausgangsposition werde ich dem einzelnen Mitarbeiter gerechter als mit einer starren Vorlage. Auf dem weißen Blatt Papier zeichne ich nun einfach eine SWOT-Analyse auf:

Stärken	**Schwächen**
Chancen	**Gefahren**

Nun setze ich mich mit den Stärken und den Schwächen des Mitarbeiters auseinander. Ich rufe Bilder, Situationen, Erfolgsmomente und natürlich auch Misserfolge ab und ordne sie zu. Es ist wichtig zu erwähnen, dass diese Vorgehensweise einen laufenden Prozess darstellt, der nicht zwei Tage vor dem eigentlichen Gespräch begonnen werden kann.

Wenn ich Stärken und Schwächen komplettiert habe, beginne ich die einzelnen Punkte zu begründen. Dies ist deshalb so wichtig, weil ich gegenüber meinem Mitarbeiter eine fundierte Urteilsbegründung abgeben muss. Nur wenn ich meine Bewertungen nachvollziehbar begründen kann, stoße ich auf Verständnis. Dabei setze ich sowohl bei den Stärken als auch bei den Schwächen stark auf Bilder und Symbole.

Stärken

Wenn ich einen Mitarbeiter für seinen kundenorientierten Schreibstil lobe, dann präsentiere ich ihm Kopien von Briefen, die er geschrieben hat, auf denen ich die einzelnen Passagen markiert habe. Ich begründe mein Lob. Das ist viel wertvoller, als einfach auf einem Fragebogen ein »sehr gut« anzukreuzen.

Schwächen

Wenn ich eine Schwäche festhalte, dann muss ich, noch mehr als bei der Stärke, Begründungen dafür präsentieren, die den Einwänden meines Gegenübers standhalten. Ansonsten erwecke ich den Eindruck von Unseriosität oder gar Willkür. Wenn ich beispielsweise das Outfit eines Mitarbeiters als Schwachpunkt anführe, dann muss ich ihm genau aufzeigen, womit ich an seinem Outfit nicht zufrieden bin und weshalb.

Chancen

Im Feld »Chancen« notiere ich mir, wie mein Mitarbeiter seine Stärken in unserer Firma noch ausbauen könnte. Ich entwickle quasi sein Talent weiter, indem ich aufzeige, was er daraus machen kann. Bleiben wir beim vorher genannten Beispiel mit dem kundenorientierten Schreibstil: Einen solchen Mitarbeiter werde ich gezielt beim Verfassen von Texten oder bei internen Schulungen oder bei der Erstellung einer neuen Website berücksichtigen und einsetzen. Schließlich wäre es eine Schande, ein außergewöhnliches Talent nicht zu nutzen. Selbstverständlich bedarf es der Zustimmung des Mitarbeiters, doch meine Erfahrung zeigt auch hier: Wer etwas besonders gut kann, der stellt sein Talent gerne zur Verfügung. Häufig ist es ja umgekehrt: Es müssen Dinge getan werden, die man nicht gut kann.

Gefahren

Im Feld »Gefahren« notiere ich ableitend von den Schwächen das Negativ-Szenario. Was könnten diese Schwächen für eine negative Auswirkung auf Job und Firma haben? Nehmen wir unser Beispiel mit dem Outfit: Ein Mitarbeiter, der nicht richtig gekleidet ist, kann einen negativen Eindruck bei Kunden und Kollegen vermitteln. Er sendet vielleicht falsche Signale aus, das führt zu Beschwerden und letztendlich kratzt es das Image des Mitarbeiters und das der Firma an.

Wichtiger als das bloße Festhalten und Begründen einer Schwäche ist die Unterstützung in Form eines Tipps. Die Mitarbeiter wissen in der Regel sehr genau, wo ihre Schwachstellen sind. Jemand, der beispielsweise notorisch zu spät zur Arbeit erscheint, weiß selbst, dass das nicht in Ordnung ist. Jemand, der aufbrausend ist, der wird nicht überrascht sein, dass es nun auch dem Chef aufgefallen ist. Doch wie bringen Sie einen Mitarbeiter von der bloßen Feststellung hin zur Veränderung seines Verhaltens? Ein weiteres Beispiel:

Altbundesrat Ogi war ein Weltmeister, wenn es darum ging, dem Volk in einfachen, aber höchst wirksamen Worten etwas zu vermitteln. Wenn andere in akademischen Worten viel Knowhow von sich gaben, brillierte Adolf Ogi mit der Macht der Symbolik. Unvergessen ist sein Aufruf zum Energiesparen. In der Küche hantierend zeigte er dem ganzen Schweizer Volk, wie mit wenig Wasser ein Fünf-Minuten-Ei gekocht werden kann. Da wenig Wasser schneller kocht, kann Energie gespart werden. Do-how pur!

Mit genau diesem Ansatz müssen Sie nun Ihre Ziele formulieren. Glasklar, aber motivierend. Allerdings sollten Sie nur Ziele erarbeiten, die der Firma und dem Mitarbeiter auch wirklich eine messbare Entwicklung bringen. Um das Ziel dann zu formulieren, versetzen Sie sich in den Mitarbeiter hinein.

Einem Formel-1-Fan dürfen Sie ruhig in seiner Sprache aufzeigen, wo es mit seinem Outfit hingehen soll. »Lieber Peter, in puncto Outfit startest du derzeit aus der sechsten Startreihe. Ich erwarte von dir, dass du in zwei Monaten die Pole Position eingenommen hast.« Geben Sie ihm dann konkrete Tipps, wie er dahin kommt.

Und beachten Sie: Es ist manchmal der reine Wahnsinn, wie das in gewissen Firmen so abläuft. Da muss einer 40 Gespräche führen und bei jedem Mitarbeiter drei Ziele setzen. Firmenvorgabe!

Kein Wunder, dass da die meisten Mitarbeiter demotiviert aus dem Gespräch kommen. Der am wenigsten Motivierte von allen ist jedoch der Chef selbst, denn der muss mühsam 120 Ziele formulieren und sollte diese dann irgendwie noch kontrollieren. Dass dies ein Ding der Unmöglichkeit ist, liegt auf der Hand.

Setzen Sie lieber ein einziges Ziel, aber sorgen Sie dafür, dass es das richtige ist! Besprechen Sie mit dem Mitarbeiter, weshalb Sie aus seiner SWOT-Analyse zu dieser Zielsetzung kommen und was Sie sich für die Firma und den Mitarbeiter davon versprechen. Setzen Sie dann auch gleich einen Termin für das Kontrollgespräch. Am besten händigen Sie dem Mitarbeiter eine motivierende Postkarte mit dem Termineintrag und der Zielformulierung am Ende des Qualifikationsgesprächs aus.

Achten Sie darauf, dass Sie die Kontrolltermine nicht statisch setzen, wie dies leider noch immer viele Chefs machen. Es ist in meinen Augen kompletter Unsinn, wenn die Kontrolle der Ziele erst in einem Jahr, beim nächsten Qualifikationsgespräch, stattfindet. Auch hier gilt: Maßschneidern Sie! Ein schlecht angezogener Mitarbeiter muss innerhalb einer Woche gut angezogen beim Kunden erscheinen und nicht erst in einem Jahr!

Ein Plädoyer für die Kontrolle

Eine Führungskraft, die nicht kontrolliert, überlässt die Qualität der Mitarbeiterleistung dem Zufall. Kein vernünftiger Chef wird sich gegen Kontrolle aussprechen. Doch auch hier stellt sich die Frage nach dem **Wie**: Selten findet ein Chef mehr Gelegenheiten, einen Mitarbeiter zu motivieren, als durch Kontrolle. Denn gerade durch Kontrolle kommt heraus, wohin sich der Mitarbeiter bewegt und ob sich die Qualität seiner Arbeit verbessert hat. Das Feedback des Chefs gibt ihm Sicherheit. Selbst in einer Empowerment-Kultur, in der ja bekanntlich die Freiheiten der Mitarbeiter groß sind, ist die Kontrolle wichtig. Nur wenn die Mitarbeiter wirklich wissen, ob und wie gut sie die ihnen anvertrauten Freiheiten nutzen, können sie selbstbewusst arbeiten. Alles andere führt meiner Meinung nach zu Chaos und dazu, dass der Chef seinen Verantwortungsbereich nicht mehr im Griff hat.

Viele Führungskräfte haben meiner Meinung nach nur ein gestörtes Verhältnis zur Kontrolle, weil sie unsicher sind, wie sie Kontrolle umsetzen sollen, und weil sie wissen, dass Mitarbeiter Kontrolle nicht lieben.

Kontrollieren Sie nur bedeutende Abläufe: Kontrollieren Sie wichtige Projekte, denn erstens haben Sie nicht die Zeit, alles zu kontrollieren, und zweitens zwingt Sie das, sich immer wieder die wirklich wichtigen Arbeiten vor Augen zu führen. Sie kriegen so ein Gefühl für die Prioritäten im gesamten Aufgabengebiet Ihrer Mitarbeiter. So wenig wie möglich, aber so viel wie nötig lautet das Rezept.

Kontrollieren Sie nicht regelmäßig das Gleiche, sondern kontrollieren sie unregelmäßig und dann das Wichtigste. Wenn Kontrolle statisch wird, verfehlt sie in der Regel die Wirkung. Bei der Kontrolle sollten Sie dem Mitarbeiter kein »Big Brother is watching you«-Bild vermitteln. Das demotiviert nur. Vielmehr sollten Sie ihm aufzeigen, dass Sie sehr wohl wissen, wie gut er derzeit unterwegs ist.

Verkaufen Sie Kontrolle als Dienstleistung: Das ist sie nämlich auch! Denn durch Ihr Feedback fühlt sich der Mitarbeiter gefördert und entwickelt. Das funktioniert allerdings nur dann, wenn Sie Ihre Kontrolle positiv kommunizieren, und zwar in Worten und Taten. Wenn der Mitarbeiter begreift, dass Ihre Kontrolle für ihn einen Wert darstellt, dann haben Sie als Führungskraft das Richtige gemacht.

Die Nachkontrolle: Wenn Sie mit einem Mitarbeiter etwas vereinbaren, sollten Sie diese Verabredung unbedingt und mit aller Konsequenz einhalten und nachkontrollieren. Wenn Sie dies nicht tun, dann bieten Sie einen Larifari-Spielraum und wirken unglaubwürdig. Am besten ist dies bei Sitzungen zu sehen. Es wird etwas entschieden, terminiert und protokolliert. Doch erledigt wird es nicht. Und so kommt es, dass dieser Punkt wochenlang offen bleibt, nur weil hier die konsequente Kontrolle fehlt.

Durch Kontrolle sparen Sie eine Menge Zeit, denn Kontrolle muss individuell für den Mitarbeiter maßgeschneidert sein. Zu Beginn seiner Tätigkeit müssen Sie, weil Sie Ihren Mitarbeiter noch nicht so gut kennen, mehr kontrollieren. Im Laufe der Zeit werden Sie wissen, wo und wie viel Kontrolle noch nötig ist. Im Idealfall können Sie dann nach einer gewissen Zeit die Kontrolle auf ein Minimum beschränken.

Und worauf Do-hower bei Qualifikationsgesprächen sonst noch achten sollten

Schicken Sie Ihren Mitarbeitern zwei Wochen vor dem Gespräch eine persönliche und motivierende Gesprächseinladung, am besten nach Hause. Nutzen Sie die Gelegenheit, bereits im Vorfeld eine positive Stimmung zu erzeugen. Glauben Sie mir: Ein solcher Brief wirkt Wunder! Das Qualifikationsgespräch ist beim Mitarbeiter das Tischgespräch Nummer eins. Hier ein Beispiel: Die Einladung zum Qualifikationsgespräch 2003.

Außerdem sollten Sie zu jedem Mitarbeiter das ganze Jahr hindurch Stichworte notieren. Das hat den Vorteil, dass Sie vor dem eigentlichen Qualifikationsgespräch aus vielen Einzelteilen ein Gesamtbild zusammenfügen können, was zu einer korrekten Beurteilung führt. Diese Vorgehensweise ersetzt natürlich kein punktuelles, situatives Feedback!

Wenn nicht schon in der Einladung gemacht, dann erläutern Sie gleich zu Beginn des Gespräches Sinn und Ablauf des Treffens:

1. Gelegenheit für Lob und Kritik
2. Fortschritte oder aber Rückschritte des Mitarbeiters werden messbar
3. Förderungs- und Aufstiegsmöglichkeiten können ermittelt werden
4. Gezielte Weiterbildungsmaßnahmen können geplant werden
5. Durch gemeinsame Zielvereinbarungen und Zielkontrollen werden die zu erledigenden Aufgaben noch besser erfüllt

Roland Moser
Rosenhalde 5
6045 Meggen

11. Oktober 2000+3

Was für ein Jahr!

Lieber Roland!

So wie die Dinge stehen, schließen wir in Kürze das beste Jahr der Firmengeschichte ab. Nicht zuletzt dank deiner Mithilfe! Diesen Erfolg möchten wir mit dir gemeinsam weiter ausbauen und auch im nächsten Jahr nach den Sternen greifen.

Dabei nehmen wir neu Maß und richten unsere Kräfte gemeinsam für die neuen Herausforderungen aus. Am 19. Oktober treffen wir uns deshalb im orangenen Sitzungszimmer zu einem Standortgespräch mit positiven Folgen.

Bei dieser Gelegenheit spreche ich mit dir auch über deine Gehaltsvorstellungen und Urlaubswünsche für das kommende Jahr. Lass mich wissen, was dich bewegt!

Danke, dass wir so gut zusammenarbeiten und dass dadurch dieser Erfolg der Firma erst möglich wurde.

Liebe Grüße
Daniel

Zum beiliegenden Maßband: Wenn du an unsere Zusammenarbeit insgesamt denkst, wo stehst du bezüglich deiner Zufriedenheit? 1 cm = »Ich bin zu 1% zufrieden.« 100 cm = »Ich bin zu 100% zufrieden.« Bitte mit dem Maßband in der Hand zum Gespräch kommen! ☺

Nutzen Sie das Gespräch auch gleich, um ein Motto fürs kommende Jahr bekannt zu geben oder aber ein wichtiges Unternehmensziel zu kommunizieren. Fragen Sie sich: »Was bleibt meinem Mitarbeiter Monate nach diesem Gespräch vom Gespräch selbst noch in Erinnerung?«

Achten Sie außerdem auf die nonverbale Kommunikation Ihres Gesprächspartners, sie sagt viel über den Gemütszustand nach dem Gespräch aus.

Bedanken Sie sich für das Gespräch und für die bisherige Leistung und vergessen Sie nicht, gemeinsame Erfolge auch zu feiern.

Und vergessen Sie nie: Ein Qualifikationsgespräch ist eine Dienstleistung, die Sie Ihrem Mitarbeiter anbieten. Schön, wenn er das Gespräch auch als Dienstleistung erlebt. Fragen Sie sich: »War das Gespräch so gut, dass der Mitarbeiter dafür bezahlen würde?« Zugegeben, die Messlatte setze ich mit dieser Frage hoch, doch das hilft, um sich auf ein Gespräch vorzubereiten ...

26. Die Bonusfalle

Solange mein Chef so tut,
als würde er mir ein richtiges Gehalt zahlen,
so lange tue ich so, als würde ich richtig arbeiten ...
Unbekannt

In vielen Unternehmen finden Lohngespräche statt. Mehr Lohn wäre gut, aber auch gerechtfertigt? Ich habe mich für Sie mit Werten auseinander gesetzt, die mit Geld nicht aufzuwiegen sind. Wetten?

Wer mehr leistet, erhält mehr Lohn. Was auf den ersten Blick logisch erscheint, ist auf den zweiten Blick ein Problem. Dieses Problem hat sogar schon einen Namen: Crowding-out-Effekt.

In verschiedenen Untersuchungen und Theorien zu Lohnsystemen wird beobachtet, dass monetäre Anreize unter gewissen Bedingungen einen Verdrängungseffekt verursachen können. Das heißt, dass bei Mitarbeitenden die natürliche Freude an der Arbeit durch einen externen monetären Anreiz verdrängt wird. Dieses Phänomen wird in der Theorie Crowding-out-Effekt oder auf Deutsch Verdrängungseffekt genannt.

Ein typisches Beispiel dafür ist die Einführung eines leistungsorientierten Bonussystems, bei dem der Mitarbeitende beginnt, sich hauptsächlich auf die bonusrelevanten Tätigkeiten (Zielvorgaben mit direktem Einfluss auf die Entlohnung) zu fokussieren, und dabei andere aus der Sicht der Unternehmung relevante Aufgaben vernachlässigt.

Drei Negativ-Beispiele

1. Manager eines Großunternehmens erhielten nur dann einen Bonus, wenn sie ihre Gewinne gegenüber dem Vorjahr steigern konnten. Dies hatte zur Folge, dass die Manager die Gewinne manipulierten, indem sie Lieferungen an die Kunden verzögerten. Sie ließen den Gewinn jedes Jahr nicht ganz so hoch ausfallen, damit er im nächsten Jahr noch gesteigert werden konnte.

2. Mechaniker eines Autoreparaturbetriebes wurden danach bezahlt, was sie für Gewinne aus den Autoreparaturen zogen. Diesem Anreiz entsprechend, versuchten die Mechaniker die Kunden zu unnötigen Reparaturen zu veranlassen, was sich negativ auf die Kundenzufriedenheit auswirkte.

3. Der Verkauf des Produktes X wirkt sich direkt auf den Bonus aus. Nun stehen größere Projekte innerhalb des Unternehmens an, welche entscheidend für den Erfolg sein könnten. Das Interesse, sich bei diesen Projekten zu engagieren, ist jedoch eher gering, da der einzelne Mitarbeitende dadurch

weniger Zeit für den Verkauf des besagten Produktes zur Verfügung hat.

Obwohl ich vor wenigen Jahren noch eine ganz andere Meinung hatte, bin ich heute überzeugt, dass der Leistungslohn in den allermeisten Fällen kontraproduktiv ist. Gerne präzisiere ich das an dieser Stelle noch etwas ausführlicher: Viele Führungskräfte sind mit der Leistungsbemessung und -beurteilung überfordert. In nicht wenigen Fällen bewertet die Führungskraft ihren Mitarbeiter sogar willkürlich. Eine schlechte Stimmung in der Firma ist die Folge. Dabei fördert Leistungslohn eher noch den Individualismus und verhindert den Teamgedanken. Schließlich ist jedem sein Hemd am nächsten. Mobbing und Neid werden dadurch gefördert.

Die Loyalität zur Firma besteht beim Leistungslohn nur so lange, wie der Mitarbeiter seinen Bonus erhält. Fällt dieser einmal aus, ist der Mitarbeiter frustriert und kündigt in der Regel schnell. Ich für meinen Teil möchte auf jeden Fall kein Team, das meiner Firma den Rücken stärkt, solange das Geld fließt, und mir dann den Rücken kehrt, wenn es der Firma einmal schlechter geht.

Bei der Leistungsbeurteilung konzentrieren sich die Mitarbeiter ausschließlich auf die lohnrelevanten Punkte. Die weichen Faktoren wie Teamfähigkeit oder Kundenorientierung bleiben dabei auf der Strecke.

Bonussysteme führen zu erheblichem administrativem Mehraufwand. Da arbeiten ganze Personalabteilungen tagelang an komplizierten Bonusformeln, um sicherzustellen, dass jeder den vereinbarten Bonus erhält.

»Meine Leute tun nichts, wenn Sie dafür nicht leistungsentlohnt werden ...« Diesen Spruch höre ich in meinen Seminaren recht häufig. Doch wer solche Leute im Team hat, der hat die falschen Leute eingestellt. Eine Führungskraft muss sich vorher überlegen, wen sie ins Team holt.

Wenn Geld nicht die einzige Bindung ans Unternehmen sein soll, dann müssen zusätzliche Werte geschaffen werden, und zwar Werte, die von den Mitarbeitern als solche erkannt werden. Ein Arbeitsklima, bei dem Mitarbeiter morgens ohne Bauchschmerzen zur Arbeit kommen können, ist so ein Wert. Gewisse Freiheiten und Mitbestimmungsrechte ebenfalls. Es ist die Aufgabe einer Führungskraft, die Stimmung im Team positiv zu beeinflussen und den Mitarbeitern eine Bühne zu bieten, auf der sie Spitzenleistungen erbringen können. Die Führungskraft selbst kann dabei die Einzigartigkeit der Arbeitsstelle sein, denn Menschen arbeiten in erster Linie für Menschen, nicht für Firmen. Doch dazu benötigt es Führungskräfte, für die wir gerne arbeiten, die menschlich fit sind und für den Mitarbeiter in der Zusammenarbeit einen Mehrwert darstellen.

Bei Umfragen kommt immer wieder heraus, dass der Lohn nicht der wichtigste Faktor einer Zusammenarbeit ist. In vielen Studien belegt Geld lediglich Rang sieben. Doch je schlechter der eigene Chef, je wichtiger wird das Geld und je geringer die Loyalität zum Unternehmen.

Durchschnittliche Chefs ziehen durchschnittliche Mitarbeiter an. Viele Führungskräfte haben noch immer nicht begriffen, dass wirkliche Talente ihre Zeit nicht mit durchschnittlich begabten Chefs vertrödeln. Um Werte zu schaffen, die nicht mit Geld aufzuwiegen sind, benötigen Führungskräfte folgende Fähigkeiten.

Die Fähigkeit, Teams zu entwickeln

Führen heißt zusammenarbeiten, kooperieren. Teams strategisch (nach Kernkompetenz und Typus) zusammenzustellen bedarf es viel Geschick und Freude am Arbeiten mit und für Menschen. Sie müssen genau wissen, was Sie können, und eben auch, was Sie nicht können. Erst dann werden Sie in der Lage sein, Teams auf- und auszubauen. Zudem werden Sie erst dann Ihr Glück als Führungskraft erlangen, wenn Sie fähig sind, die Entwicklung Ihrer Mitarbeiter positiv zu beeinflussen und zu nutzen.

Die Bereitschaft, Spitzenleistungen zu erbringen

Gute Führungskräfte wissen, dass Durchschnitt Rückschritt heißt. Nur wer bereit ist, konsequent zielorientiert zu arbeiten und zudem den Aufwand nicht scheut, wird in die Champions League einziehen.

Die Fähigkeit, Stimmungen gezielt positiv zu beeinflussen
»War das wieder eine Sch...-Stimmung heute in der Firma!« Dieser viel zitierte Spruch kommt allenfalls von Mitläufern, jedoch nicht von Motivatoren und schon gar nicht von Dohowern. Die Frage, die Sie sich stellen müssen, ist: »Was habe ich heute persönlich getan, damit die Stimmung im Team gut bleibt oder besser wird?« Als Mitarbeiter mag es viele Gründe geben, sich zu beschweren und Situationen zu bejammern. Als Führungskraft jedoch untersteht es Ihrer Verantwortung, aus einer schlechten Stimmung eine gute zu machen. Insofern ist eine Führungskraft auch ein Stimmungsmacher.

Sind Sie ein guter Typ?
Der größte Teil Ihres beruflichen und auch privaten Erfolges liegt in Ihrer Persönlichkeit. Führungskräfte, die kein hohes Maß an sozialer Kompetenz an den Tag legen, werden niemals das Optimum (nicht Maximum!) an Leistung aus sich und Ihrem Team herausholen können. Es ist nun mal bewiesen, dass Menschen für einen sympathischen Chef lieber arbeiten als für einen unsympathischen. Damit meine ich auf keinen Fall, dass ein Chef nur lieb sein sollte, sondern spreche seine Persönlichkeit insgesamt an. Da ein Mitarbeiter mehr Wachzeit mit seinem Vorgesetzten verbringt als mit seiner Freundin, ist die Sympathie ein nicht zu unterschätzender Erfolgsfaktor. Wenn er sich dann abends noch zwei Stunden über seinen Boss aufregen muss, kommt schnell einmal die Frage auf: »Weshalb tue ich mir das eigentlich noch an? Und dann noch für diesen Lohn!«

Ihre Mitarbeiter sind durchaus in der Lage, das Arbeitsklima ihrer vergangenen Arbeitsstellen mit dem jetzigen zu vergleichen. Erst wenn in Ihrem Team eine Atmosphäre herrscht, die Ihre Mitarbeiter als unvergleichlich gut einstufen, haben Sie Werte geschaffen, die mit Geld nicht aufzuwiegen sind. Wie aber schaffe ich ...

… aktiv zufriedene Mitarbeiter?

In meinem Buch »1001 Tipps zur Mitarbeitermotivation« erkläre ich den Unterschied zwischen aktiv und passiv zufriedenen Mitarbeitern. Er ist klein, aber matchentscheidend:

Der aktiv zufriedene Mitarbeiter
Der Mitarbeiter ist von Ihnen als Führungskraft und vom Unternehmen überzeugt und begeistert. Seine Erwartungen an Sie als Chef wurden übertroffen. Er ist somit ein treuer Mitarbeiter engagiert sich leidenschaftlich für den Betrieb und empfiehlt Sie als Arbeitgeber aktiv weiter.

Der passiv zufriedene Mitarbeiter
Ein passiv zufriedener Mitarbeiter ist ein gleichgültiger Mitarbeiter. Seine Erwartungen wurden erfüllt, jedoch nicht übertroffen. Er arbeitet zwar bei Ihnen, aber die innere Kündigung ist bereits erfolgt. Er sucht mal mehr und mal weniger intensiv nach einer »neuen Herausforderung«. Für etwas mehr Geld wird er die Stelle wechseln. Wenn er in seinem privaten Umfeld über Sie und das Unternehmen spricht, dann ist das kein Werbeslogan, sondern eher eine Schimpftirade.

Sie sehen, Geld ist nicht alles! Diese Tatsache gilt es konsequent zu berücksichtigen. Es ist viel einfacher, die Dinge mit Geld abzugelten als mit einem guten Klima. Der wahre Bonus ist in meinen Augen in der heutigen Zeit ein Arbeitsklima, das einen nicht auffrisst, sondern beflügelt. Eine gute Atmoshäre kann man nicht kaufen. Aber sie ist wichtiger als alles andere. Ich habe die Erfahrung gemacht, dass ein Bonus-System die Stimmung oftmals eher verschlechtert und nicht verbessert.

Ich plädiere für eine andere Form des Leistungslohnes. Firmen sollten ihren Mitarbeitern einen Lohn bezahlen, mit dem sie sich etwas leisten können. Sollte das Geschäftsergebnis insgesamt positiv ausfallen, spricht nichts dagegen, den Mitarbeitern on top noch einen Bonus zu bezahlen. Und glauben Sie mir: Wenn ein Mitarbeiter nicht damit rechnet und dann trotzdem etwas erhält, ist er viel motivierter, als wenn er einfach davon ausgeht, noch einen Bonus zu bekommen.

→ Kein Bonussystem

↳ Lieber unerwartete Zahlung nach gutem Jahr

27. Geistig ausgecheckt?

Image ist das, was Ihre Mitarbeiter
zu Hause über Sie erzählen.
Daniel Zanetti

Sind Ihre Mitarbeiter eine loyale, verschworene Truppe, oder sind Sie umzingelt von Menschen, die bereits mit der nächsten Stelle liebäugeln?

Die innere Kündigung ist immer ein Schuss ins eigene Knie

»Ich mache nur noch Dienst nach Vorschrift«, ist ein häufiger Ausspruch von frustrierten Mitarbeitern. Was als Drohung gemeint ist, fällt oft auf diese selbst zurück. Die Gründe für so eine Einstellung sind vielschichtig:

- Ein Chef, der kein Feedback gibt
- Projekte, die zu nichts führen
- Unterbezahlung
- Ungerechte Behandlung
- Eine miese Stimmung im Team

Schon dann, wenn nur ein paar der genannten Gründe zutreffen, verliert der frustrierte Mitarbeiter zunehmend an Energie. Es folgt die innere Kündigung. Aber eben nur die innere. Was als Drohung gedacht ist und sich gegen das Unternehmen richtet, ist in Wirklichkeit ein Schuss ins eigene Knie. Denn am meisten leidet der Mitarbeiter selbst darunter. Was er zunächst für sich behält und allenfalls in den eigenen vier Wänden besprochen wird, zieht laufend weitere Kreise. Familie, Kollegen und schließlich Arbeitskollegen. Wenn einmal das gesamte Umfeld weiß, dass sich der Mitarbeiter nicht mehr gut mit seinem Arbeitgeber versteht, muss er sich die Frage gefallen lassen: »… und, was machst du nun?«

Weil es viel einfacher ist, den aktuellen Arbeitgeber durch den Kakao zu ziehen, als konsequent zu kündigen und eine neue, bessere Stelle zu finden, beginnt nun die Langzeitfrustrations- und Jammerphase. Das Engagement in der Firma wird durch die innere Kündigung kleiner, die Unzufriedenheit dafür größer. Durch die vielen Gespräche mit meinen Workshopteilnehmern, Kolleginnen und Kollegen im privaten Umfeld habe ich manchmal das Gefühl, mit bloßem Auge zu erkennen, ob jemand geistig schon ausgecheckt hat oder noch voll bei der Sache ist.

In Wirklichkeit merkt das Unternehmen meist gar nicht,

dass das Engagement zurückgegangen ist. Das hat mit Strukturen zu tun, die Mitarbeitern als Versteck dienen, aber auch mit Führungskräften, die nicht wirklich führen. Eine gute Führungskraft entdeckt frühzeitig Signale für das beschriebene Verhalten:

- Mangelnde Hilfsbereitschaft (»That's not my job«-Mentalität)
- Dienst-nach-Vorschrift-Verhalten
- Kein Lächeln mehr im Gesicht
- Fehler machen ausschließlich der Chef oder die Arbeitskollegen
- Mangelndes Kostenbewusstsein
- Negativäußerungen zu neuen Vorschlägen und zukünftigen Projekten
- Keine Bereitschaft für Mehrarbeit
- Ablehnung von Kundenwünschen, die über das Übliche hinausgehen
- Berufung auf Anweisungen
- Liefert keine Optimierungsvorschläge
- Bagatellisierung von Kundenreklamationen

Was Do-hower dagegen unternehmen

Sammeln Sie konkrete Beispiele und laden Sie den Mitarbeitenden zu einem Gespräch unter vier Augen ein. Erläutern Sie ihm die Situation. Sagen Sie deutlich, dass Sie ihn nicht engagiert haben, damit er das Nötigste tut, sondern sein Bestes gibt.

Treffen Sie klare Verbesserungsmaßnahmen und vereinbaren Sie gemeinsam ein Kontrollgespräch, bei dem Sie die Entwicklung resümieren werden.

Akzeptieren Sie keine Standardausreden wie »keine Zeit« oder »zu viel zu tun«.

Liegen die Gründe der inneren Kündigung bei Ihnen, dem Vorgesetzten, dann sprechen Sie offen darüber. Geben Sie Ihre Fehler zu.

Sollte sich keine Verbesserung einstellen und auch Ihre Motivationsversuche sich als nutzlos herausstellen, kündigen Sie dem Mitarbeitenden klare Konsequenzen an:

1. Gehaltskürzung
2. Versetzung
3. Abmahnung
4. Kündigung

Achten Sie darauf, dass Sie halten, was Sie ankündigen! Lieber trennen Sie sich von einem Mitarbeiter konsequent, als dass Sie und das Team weiterhin die Konsequenzen tragen müssen. Das schafft auch im Team Sicherheit und die Mitarbeiter können sich wieder auf Ihre Arbeit konzentrieren anstatt auf interne Probleme.

Loyalität

Ein nicht zu unterschätzender Faktor bei der beruflichen Zusammenarbeit ist Loyalität. Der Begriff Loyalität wird vorwiegend im Zusammenhang mit Arbeitsverhältnissen verwendet und bedeutet eine gegenseitige moralische Treue. Doch in Zeiten von Hire & Fire hat die Loyalität der Mitarbeiter zu ihren Unternehmen gelitten. Erst kürzlich traf ich eine Führungskraft einer Schweizer Bank. Nach seinem Wohlbefinden gefragt, antwortete er mir: »Herr Zanetti, ich bin auf der Suche nach einer neuen Herausforderung.« Im Laufe des Gesprächs erläuterte er mir, dass der Grund für seinen Wechsel die Bonuskürzung sei. Noch jedes Jahr hätte es im Frühling einen Bonus von 30 000 Euro gegeben, aber der neue Chef hätte nun eben diesen Bonus bei allen gekürzt, was doch eine Schweinerei sei. Bei solchen Beispielen zeigt sich, wie wenig Bindung Geld schafft.

Wenn Sie wissen wollen, wie loyal ihre Teammitglieder wirklich sind, stellen Sie Ihren Mitabeitern mal folgende Frage: Sie sitzen in einem Café und hören, wie am Nachbartisch der Name der Firma fällt, in der Sie arbeiten. Zwei Personen unterhalten sich und die eine Person äußert sich, aufgrund eines Erlebnisses, sehr negativ über Ihr Unternehmen. Wie reagieren Sie?

a) Sie unternehmen nichts und erzählen auch in der Firma nichts.

b) Sie unternehmen nichts, erzählen von dem Erlebnis jedoch später Ihren Arbeitskollegen.

c) Sie gehen an den Tisch und geben sich als Mitarbeiter der Firma zu erkennen. Sie versuchen, die Adresse des unzufriedenen Kunden zu erhalten. Sie klären den Sachverhalt intern ab, damit Sie darauf in irgendeiner Form reagieren können.

Ich bin überzeugt, dass einzig die Antwort a) nichts Gutes verheißt, denn sie zeigt deutliches Desinteresse gegenüber der Firma. Wem es so egal ist, ob gut oder schlecht über die Firma gesprochen wird, der sollte lieber schon heute die Stelle wechseln.

Bei der Antwort b) zeigt sich ein gewisses Interesse, falls der Mitarbeiter oder die Mitarbeiterin das Erlebnis schildert, um Verbesserungen im Unternehmen zu erzielen. Wenn es jedoch nur erzählt wird, um zu kommunizieren: »Ich habe sowieso schon gewusst, dass es bei uns nicht funktioniert, und dieser Kunde hat es einmal mehr bestätigt!«, dann trägt dieser Mitarbeiter nicht viel zu einer Verbesserung bei und outet sich als Mitläufer. Fragen Sie sich selbst: Reicht das?

Jene Mitarbeiter, die Antwort c) gewählt haben, identifizieren sich nicht nur sehr stark mit dem Unternehmen, sondern sind auch noch selbstbewusste, kritikfähige Persönlichkeiten.

Gerade in schwierigen Zeiten ist es wichtig, dass Ihre Mitarbeiter zu Ihnen als Führungskraft und zum Unternehmen loyal sind und dies intern und extern so vorleben.

Vier Tipps für eine noch effektivere Zusammenarbeit

1. Erwarten Sie von Ihren Mitarbeitern nicht, dass sie die Rolle des Mitunternehmers spielen. Das ist auch dem Mitarbeiter

gegenüber nicht fair, denn der bewirbt sich bei Ihnen ja auch als Mitarbeiter und nicht als Unternehmer.

2. Beurteilen Sie die Leistung Ihrer Mitarbeiter nach der Preisleistungsmethode. Genau so, wie Sie das Preisleistungsverhältnis Ihrer Lieferanten auch hinterfragen, sollten Sie sich fragen, ob Sie die optimale Arbeitskraft Ihres Mitarbeiters erhalten.

3. Engagieren Sie ausschließlich sympathische Mitarbeiter. Wenn Ihre Mitarbeiter freiwillig das »Quäntchen mehr« leisten, dann nur deshalb, weil sie Sie für einen sympathischen Menschen halten. Und umgekehrt!

4. Ihre Mitarbeiter können die Firma nach außen nur loyal vertreten, wenn sie frühzeitig im Besitz der wichtigsten Informationen über das Unternehmen sind.

Das Ziel haben Sie dann erreicht, wenn sich die Mitarbeiter bei Kritik von außen so fühlen, als wenn sich jemand schlecht über einen Freund geäußert hat.

28. Mobbing & Bossing

Mobbing is not a hobby – mobbing is a job!
Unbekannt

Einer hustet und die anderen kriegen Lungenentzündung. Über den schlimmsten Virus, der sich in einem Unternehmen ausbreiten kann.

Es gibt so viele Studien zum Thema Mobbing, dass es gar nicht so leicht ist, einen Überblick zu bekommen. Ich habe für Sie die wichtigsten Studien verglichen und jene Fakten aufgelistet, die in allen Untersuchungen einigermaßen identisch ausfallen. Zahlen habe ich hier der Einfachheit halber gerundet. Im Gegensatz zu üblichen Konflikten ist bei Mobbing ein System erkennbar, das zum Ziel hat, eine Person zu verunglimpfen oder auszugrenzen. Mobbing spielt sich meist unter gleichgestellten Arbeitskollegen ab. Ist der Mobber der Vorgesetzte, dann heißt das Bossing.

Wissenswertes zum Thema Mobbing

- 8% aller Arbeitnehmenden werden im Laufe ihrer Anstellung gemobbt.
- Als besonders gefährdete Mobbing-Gruppe gelten Frauen und Arbeitnehmer bis zum 25. Lebensjahr.
- Das Mobbing-Risiko liegt bei Frauen um 75% höher als bei Männern, wenn sexuelle Belästigungen dazu gezählt werden.
- In 38% aller erfassten Mobbing-Fälle ist der Mobber der Vorgesetzte (Bossing).
- In 98% aller Fälle hat Mobbing einen negativen Einfluss auf das Arbeits- und Leistungsverhalten des Mobbing-Opfers (Demotivation, Misstrauen, sozialer Rückzug, Verminderung der Loyalität).
- 43% aller Mobbing-Opfer erkranken in Folge des Mobbings, 50% davon für mehr als sechs Wochen.
- Ursache für Mobbing ist in 65% aller Fälle ein schlechtes Arbeitsklima (was auf mangelnde Führung zurückzuführen ist).
- Bei 60% aller untersuchten Mobbing-Fälle wurde eine mangelnde Gesprächsbereitschaft der Führungskräfte festgestellt.

Woran Sie Mobbing erkennen

- Ihre Arbeit wird ständig grundlos kritisiert.
- Ihnen werden Arbeiten aufgezwungen, für die Sie entweder komplett über- oder unterqualifiziert sind.
- Es werden gezielt Gerüchte über Sie verbreitet.
- Ihnen werden auf Ihrem PC Daten gelöscht.
- Ihr Privatleben wird kritisiert.
- Ihre Arbeitskollegen grenzen Sie aus, sprechen nicht mehr mit Ihnen, laden Sie nicht mehr zu Sitzungen ein.
- Ihnen werden obszöne Schimpfworte an den Kopf geworfen.
- Sie werden mit sexuellen Annäherungen oder mit verbalen sexuellen Angeboten konfrontiert.
- Ihre Arbeitskollegen imitieren Ihre Mimik, Gestik oder Stimme, um Sie lächerlich zu machen.
- Sie werden gezwungen, Arbeiten auszuführen, die offensichtlich Ihr Selbstwertgefühl verletzen.

Wer als Führungskraft die Mitarbeiter in seinem Umfeld bewusst wahrnimmt, der wird in der Regel auch auf Mobbing aufmerksam. Alles, was Sie bei einem Mobbing-Verdacht tun sollten, ist, noch etwas genauer hinzusehen und dann einzuschreiten.

Die Zeichen sind offensichtlich und stehen den betroffenen ins Gesicht geschrieben. Doch wer nur oberflächlich mit seinen Mitarbeitern kommuniziert und lieber auf den Bildschirm als in die Augen seiner Mitarbeiter schaut, der muss sich nicht wundern, wenn er sich dann wundern muss.

Professionalität in der Führungsarbeit bedeutet vor allem, auch glaub- und vertrauenswürdig sowie zuverlässig zu sein. Führungskräfte, die ihre Entscheidungen nach Lust und Laune treffen, verschaffen sich bei ihren Mitarbeitern keinen Respekt. Im Gegenteil, sie liefern damit den Anlass, selbst gemobbt zu werden.

Tipps für eine Mobbing-freie Zone

- Mobbing tolerieren bedeutet Mobbing fördern. Das schadet nicht nur dem Betroffenen, sondern auch Ihrem Image als Führungskraft. Wenn Sie als Führungskraft die Augen vor diesem Problem verschließen, verlieren Sie Ihre Glaubwürdigkeit.
- »Keine Zeit!«, diese Antwort hören nur allzu viele Mitarbeiter auf die Frage nach einem Gespräch. Zeit zu haben ist die Aufgabe einer Führungskraft und hilft Ihnen, Mobbing-Tendenzen schon im Frühstadium zu erkennen.
- »Management by walking around« – gehen Sie auf Ihre Mitarbeiter zu. Informieren Sie sich vor Ort über die Arbeitsabläufe, über das Miteinander der Kollegen und deren persönliche Belange. Nur wenn Sie die konkreten Arbeitsbedingungen kennen, werden Sie atmosphärische Störungen des Betriebsklimas wahrnehmen und in die Lage versetzt, möglichen Mobbing-Tendenzen vorzubeugen.
- Werden Sie Zeuge ungerechter oder gar schikanöser Verhaltensweisen im Mitarbeiterkreis oder innerhalb der Belegschaft, so schreiten Sie ein. Versuchen Sie jedoch nicht – ohne die Hintergründe und Zusammenhänge zu kennen –, Partei zu ergreifen. Sorgen Sie vielmehr für eine Versachlichung der emotionalen Situation. Auf diese Weise unterstreichen Sie Ihre Vorbildfunktion!
- Lassen Sie sich nicht durch bestimmte Informationen oder Hinweise zu voreiligen Einschätzungen und Entscheidungen hinreißen. Bedenken Sie, dass die Initiatoren von Mobbing-Kampagnen ganz bewusst Gerüchte in die Welt setzen, um Vorgesetzte für bestimmte Interessen zu vereinnahmen. Sondieren Sie deshalb immer erst das Konfliktfeld, bevor Sie einzelne Mitarbeiter zur Rede stellen!
- Führen Sie mit Ihren Mitarbeitern – auch ohne konkreten Anlass – regelmäßig Mitarbeitergespräche. Interessieren Sie sich dabei nicht nur für die erfolgreiche Bewältigung fachlicher Aufgaben, sondern auch für die zwischenmenschlichen Beziehungen am Arbeitsplatz!

- Konzentrieren Sie sich während solcher Gespräche nicht allein auf die inhaltlichen Aussagen. Nehmen Sie auch Botschaften zwischen den Zeilen wahr. Die Körpersprache (Gestik, Mimik) ist mit ihren Signalen oft aussagekräftiger als das gesprochene Wort. Schauen Sie bewusst in die Gesichter Ihrer Mitarbeiter. Dort steht viel mehr geschrieben als tausend Worte zu sagen vermögen.

Ich bin der Meinung, dass jede Person, die Mobbing oder Bossing-Vorgänge entdeckt und nichts dagegen unternimmt, eine bedeutende Mitschuld trifft. Das gilt auch für Sie als Chef. Als Führungskraft sind Sie schließlich auch für jene Dinge verantwortlich, die Sie nicht tun ...

29. Der gesunde Menschenverstand

Wenn Sie eine interne Schulung anbieten,
wie man ein Spesenformular richtig ausfüllt, dann ist das
ein Zeichen dafür, dass Sie ein Problem haben.
Jörg Neumann

Große Firmen führen nicht nur große Prozesse, sie haben vor allem auch selbst welche. Ich spreche von jenen Prozessen, die dafür Sorgen, dass kein Mitarbeiter jemals auf die Idee käme, noch einen Funken Individualität in den Alltag einfließen zu lassen. Ein Plädoyer für den gesunden Menschenverstand.

Weit haben wir es gebracht. In den letzten Jahren wurde eine prozessorientierte Kundenlandschaft geschaffen, die heute nur leider dem Kunden nicht mehr gefällt. Mit einer Prozessinvasion haben wir es geschafft, einfache Dinge zu verakademisieren. Aus einer Kundenreklamation wurde ein komplizierter Complain Case. Der Mitarbeiter eröffnet ein File, orientiert sich mittels Flow-Chart und beginnt den Prozess Schritt für Schritt abzuarbeiten. Der Kunde – inzwischen hat er eine Nummer – erhält einen Standardbrief, in dem geschrieben steht, dass »man« den Vorfall bedauert. Resultat dieses emotionslosen Trauerspiels: Prozess 1; Kunde 0.

In vielen Bereichen, etwa in der Technik, können wir Kunden von Prozessen profitieren. Beispielsweise in Form gleich bleibender Qualität. Meiner Meinung nach haben Businessprozesse aber vielerorts dazu geführt, dass sich Mitarbeiter hinter Abläufen und Standards verstecken und den gesunden Menschenverstand bei Arbeitsbeginn in der Garderobe deponieren.

Für die Dienstleistungsbranche sind viele dieser Prozesse mehr Fluch als Segen. So wie jeder Arzt sein Diplom ins Wartezimmer hängt, so hängen in der Dienstleistungsbranche die Zertifizierungen im Empfangsbereich: »Wir wurden vom Verband mit dem Qualitätsgütesiegel Q2 ausgezeichnet ...« Mit solchen und ähnlichen Sprüchen brilliert beispielsweise die Hotel- und Tourismusbranche. Nicht der Verband bestimmt aber, ob die Qualität stimmt, sondern der Kunde. Er hat das letzte Wort.

Der Gast kann bei diesem Qualitätsgütesiegel-Wirrwarr gar nicht unterscheiden, was denn nun hinter dem einen oder anderen »Q« steht. Was er aber instinktiv beurteilen kann, ist die Leistung, die erbracht wird.

Als ich neulich in einem Hotel übernachtete, bat ich am Vorabend (23.40 Uhr) um die Begleichung meiner Rechnung, weil ich am nächsten Morgen beim Check-out nicht Schlange stehen wollte. »Geht nicht«, antwortete mir die Dame am Empfang bestimmt. »Wir haben eine interne Regelung, dass Rechnungen erst am Abreisetag ausgestellt werden.« An der Rezeption waren verschiedene Länderfahnen aufgestellt. Als ich die Rezeptionistin fragte, was diese bedeuteten, antwortete sie stolz: »Das sind die Sprachen, die wir sprechen.« Ich konnte es mir nicht verkneifen und antwortete: »Die wichtigste aller Sprachen sprechen Sie aber leider nicht: die Sprache der Kundenorientierung!«

Bleibt zu hoffen, dass vielleicht wieder einmal eine Zeit kommt, in der die Unternehmen in kreative Marketingaktionen investieren, von denen die Kunden einen direkten Nutzen haben. Menschenorientierung statt Prozessorientierung ist in der Dienstleistungsbranche das Ziel.

Einige Tipps für den gesunden Menschenverstand

- Kontrollieren Sie die zehn meistgebrauchten Formulare auf Effizienz und Nutzen für den Kunden und sorgen Sie dafür, dass diese Formulare gerne und rasch ausgefüllt werden.
- Bewerten Sie die Meinung Ihrer Kunden immer höher als die Ihres Qualitätscoaches.
- Ermutigen Sie Ihre Mitarbeitenden, den Fokus auf die Kunden zu richten und nicht auf Prozesse.
- Hinterfragen Sie jeden Prozess kritisch nach seinem Nutzen für den Kunden.
- Motivieren Sie Ihre Mitarbeiter, zu Gunsten des Kunden den gesunden Menschenverstand einzusetzen. Auch auf die Gefahr hin, dass ein interner Prozess verletzt werden könnte (den Sie ja dann später im Krankenhaus besuchen können ...).
- Stellen Sie den Aufwand eines Prozesses dem Ertrag bzw. der Effektivität gegenüber.
- Für jedes paar Hände, das Sie einstellen, erhalten Sie einen Kopf gratis dazu. Nutzen Sie ihn!

30. Zeitvertreiber

Wohlstand ist, wenn man mehr Uhren als Zeit hat.
Unbekannt

Wenn mehr als zwei Personen an einem Projekt arbeiten, dann führt das meistens zu Ineffizienz und Langsamkeit. Eine Frage muss den Mitgliedern von Projektgruppen gestellt werden: Was zum Teufel macht ihr hier eigentlich?

Viele Projektteams kommen mir vor wie Selbsthilfegruppen. Jeder redet ein bisschen mit, bastelt an einer Powerpointpräsentation herum, die dann irgendwann vor Entscheidungsträgern präsentiert wird, die sich dann aber nicht entscheiden, sondern diskutieren. Oft über Unwichtiges wie beispielsweise, ob dieses oder jenes Wort so oder so geschrieben wird. Aber immerhin: Es wurde gesprochen und diskutiert. Willkommen auf dem Amt der geistigen Verlangsamung.

Ich habe Projektgruppen erlebt, da waren zwölf Leute an der Planung eines Ausbildungslehrganges beteiligt. Jeder brachte seine Sicht der Dinge ein und das führte dann zu stundenlangen Sitzungen. Weil jeder seine Anwesenheit rechtfertigen musste, brachte jeder hier und dort noch eine Korrektur an, auch wenn sie noch so sinnlos war. So ein »Beamten-Eile-mit-Weile«-Verhalten kostet nicht nur viel Geld, sondern noch viel mehr Nerven.

Seien Sie mir nicht böse, aber solche Szenen motivieren mich immer, denn sie zeigen mir auf, dass wir mit unserem schlanken und ranken Unternehmen in Meggen megamäßig konkurrenzfähig sind. Im Eingang unserer Büros hängt ein großes Bild, auf dem geschrieben steht:

Shoot for the moon.
Even if you miss it,
you will land among the stars.

Der Spruch ist von Les Brown und verkörpert seit acht Jahren die NeumannZanetti & Partner-Arbeitsphilosophie. Falls Sie Ihre Projekte noch erfolgreicher umsetzen wollen, sollten Sie es mal mit der Quick-Win-Methode versuchen:

Quick-Win-Methode für Do-hower

1. Stellen Sie sich die Frage: »Was passiert, wenn wir dieses Projekt nie in Angriff nehmen?«

2. Bilden Sie Projektgruppen, die aus optimal zwei, maximal drei Personen bestehen, dafür aus den richtigen! (Kernkompetenzen der Mitarbeiter beachten!)

3. Diese zwei führen das Projekt, und zwar nicht durch die Agenda, sondern zum Erfolg. (Klare Zielvorgabe machen!)

4. Wenn es die Meinung anderer Abteilungen benötigt, dann müssen die Projektverantwortlichen auf diese zugehen, informieren und überzeugen, sie jedoch nicht in den Arbeitsprozess einbinden. (Zu viele Köche verderben den Brei!)

5. Ein Projekt muss innerhalb sechs Monaten umgesetzt sein. Wenn ein Projektplan auf länger als sechs Monate ausgelegt ist, dann sollten Sie das Projektziel verkleinern. Die Chance, dass das Projekt mit vollem Elan zum Erfolg geführt wird, sinkt durch die Langfristigkeit massiv. Das wissen übrigens Ihre Mitbewerber auch!

Die Vorteile dieser Methode liegen auf der Hand

- Die zwei, die ein Projekt führen, finden immer einen freien Termin im Kalender, um sich für das Projekt zusammenzusetzen. Bei sechs und mehr Personen dauert es manchmal Wochen, bis alle für einen Termin verfügbar sind.
- Zudem tragen diese zwei Personen die volle Projektverantwortung und können sich nicht hinter irgendwelchen anderen verstecken.
- Ihre Effizienz und ihr Tempo führen zu verträglichen Projektkosten.
- Ihre Kunden profitieren rasch von den Resultaten.
- Das Projektteam ist motiviert, weil sie die Resultate noch selbst erleben ...

31. Endlos-Talker

Ein Meeting ist eine Sitzung, bei der viele hineingehen
und wenig herauskommt.
Werner Finck, Schriftsteller, Schauspieler, Kabarettist

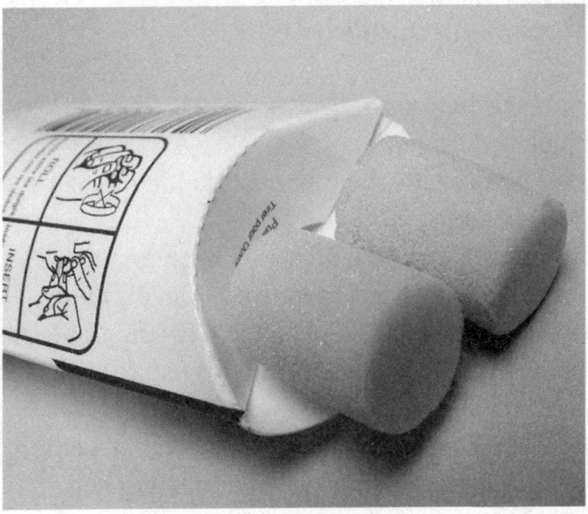

Was wäre passiert, wenn diese Sitzung
nie stattgefunden hätte?
Die Antwort lautet allzu oft: Nichts. Das Einzige,
was an Meetings oft erarbeitet wird,
ist der Termin für das nächste Meeting.
Do-hower wissen das, und Know-hower
erhalten in diesem Kapitel den effizientesten
Meeting-Survival-Guide der Welt.

Sind Sie einsam?
Sitzen Sie gerne?
Treffen Sie ungern Entscheidungen?
Arbeiten Sie nicht gerne allein?
Dann ist ein Meeting genau das Richtige für Sie!

Sie können dann sehen, wie andere Leute in Ruhe schlafen, Entscheidungen verschieben, sich wichtig fühlen, Kollegen langweilen, und all dies während der Arbeitszeit. Ein Meeting ist **die** Alternative zur Arbeit und die Teilnahme daran wird sogar noch bezahlt!

Fakt ist, was das Marktforschungsinstitut Demoscope bereits 1998 festgestellt hat, nämlich dass

- Führungskräfte durchschnittlich 47% ihrer Arbeitszeit in Meetings verbringen.
- 68% der befragten Arbeitnehmer glauben, es gebe generell zu viele Meetings.
- Führungskräfte meinen, Meetings könnten um 32% gekürzt werden, ohne dabei an Ergebnissen einzubüßen.
- 86% der Führungskräfte glauben, dass die in Meetings erzielten Resultate nicht oder nur teilweise zufrieden stellend sind.
- 32% aller Meetings ungenügend vorbereitet werden.
- 26% aller Meetings keine klare Zielsetzung haben.
- 20% der Meetings komplett überflüssig sind.

In hunderten von Workshops haben wir festgestellt, dass Führungskräfte sich dieser Fakten bewusst sind. Doch zu optimieren vermögen ihre Meetings nur wenige. Das hat im Wesentlichen damit zu tun, dass die Macht der Routine, aber vor allem auch die Organisationsstruktur in Firmen zu groß ist.

Das Meetingprozedere hält sich an die immer gleichen Abläufe: die Tagesordnungspunkte, der Meetingleiter, der Ort und der Name für das Meeting sind immer gleich, und das meistens für Jahre. Zudem kopieren angehende Führungskräfte die schlechten Eigenschaften ihrer Vorgesetzten, und wenn sie später selbst ein Meeting leiten, dann so, wie Sie es bis vor kurzem als Mitarbeiter noch kritisiert haben.

Know-hower machen einfach weiter Dienst nach Vorschrift. Do-hower halten sich an die folgenden sechs Punkte des Meeting-Survival-Guides:

Berechnen Sie die Kosten für Ihre Meetings in zwei Schritten! Mindestens einmal jährlich sollten Sie die Kosten Ihrer Meetings berechnen. Lohnkosten multipliziert mit der in Meetings verbrachten Zeit. Dann sehen Sie mal schwarz auf weiß, welche Kostenverantwortung Sie mit der Meetingleitung haben. Berechnen Sie danach im Team das Meeting-Sparpotenzial Ihrer Abteilung:

Schätzung Nr. 1
Wie viel Prozent der Arbeitszeit verbringen
Mitarbeiter in Ihrem Team in Meetings?
Mit Kunden, Mitarbeitenden, Lieferanten etc. ______ %

Schätzung Nr. 2
Um wie viel Prozent könnten diese Meetings
verkürzt werden, ohne dabei Ergebnisse
einzubüßen? ______ %

Schätzung Nr. 3
Wie hoch sind die Personalkosten in Ihrem
Unternehmen? Rechnen Sie das Jahresgehalt,
multipliziert mit der Anzahl an Personen. ______ €

Sparpotenzial-Formel:

1. Schätzung in % × 2. Schätzung in % × 3. Schätzung in €

= € ______________

Beispiel:

20 % × 30 % = 6 %
6 % von 1,1 Mio. = € 66 000

Streichen Sie so viele Sitzungen wie möglich und wie nötig
Stellen Sie sich schon bei der Planung eines Meetings die Frage: »Was wäre, wenn ich dieses Meeting nicht durchführte?« Streichen Sie auch ab und zu ein wöchentliches Meeting, wenn es keine triftigen Gründe dafür gibt, es durchzuführen.

Steigern Sie die Effizienz durch Zeitgarantie
Wenn Sie als Meetingleiter Ihren Teilnehmern Anfangs- und Endzeit garantieren, werden Sie glaubwürdig und vor allem effizient. Zudem tragen Sie viel zur Motivation bei. Nichts ist schlimmer als Openend-Meetings, bei denen keiner weiß, wann er sich wieder um seine Kunden kümmern kann. Um eine Zeitgarantie abgeben zu können, muss eine Meetingagenda erstellt werden.

Ralph Hubacher, unser Marketingleiter, hängt jeweils folgende Vorlage in der Kaffeeküche aus:

Life@monday-Meeting

Datum: 20. Februar 2006
Zeit: 9:00h
Ende: wird noch bekanntgegeben

Abteilung	Wer?	Thema	Zeit in Min.
Verkauf	Ralph	Forecast	7
Finanzen	Sonja	Spesen	12
Marketing	Dani	Mailing PR	9

Die Meetingteilnehmer können dort bis zwei Tage vor Meetingbeginn ihre Wunsch-Tagesordnungspunkte auflisten. Angegeben wird das Thema, die dazu benötigte Zeit und der Name. Der Meetingleiter stellt dann aufgrund dieser Punkte einen Ablauf zusammen. Er entscheidet allerdings auch, welche Themen nicht oder nur in gekürzter Form zugelassen werden, und hält individuelle Rücksprache mit den einzelnen Teilnehmern über ihre Themen. Nun kann er auf die Minute genau planen und einladen. Beim Meeting selbst muss er nur noch kontrollieren, dass die Zeiten genau eingehalten werden – das heißt konsequent eingreifen, wenn dem nicht so ist –, und sein Meeting wird auf die Minute genau beginnen und auf die Minute genau enden. Nach diesem Vorbereitungsprinzip geht ein Meeting immer so lange wie nötig und auch nicht immer gleich lang.

4. Killen Sie die Routine in Meetings

Zu viel Routine kann schnell einmal zu Langeweile führen und die Sinne eher lahm legen als beflügeln. Viele Ideen, die frischen Schwung in Meetings bringen, lassen sich leicht und ohne großen Aufwand realisieren. Die Meetingteilnehmer sollen vorbereitet zum Meeting kommen, jedoch auch gespannt und motiviert. Versuchen Sie also, in jedem Meeting einen Spannungsbogen aufzubauen. Laden Sie die Teilnehmer einmal per Postkarte ein anstatt per Mail, stellen Sie zum Meeting-Auftakt eine Quizfrage zum Unternehmen, kreieren Sie ein spezielles Time-out oder führen Sie einfach das Meeting an einem anderen Ort durch. In meinem Buch »1001 Tipps zur Mitarbeitermotivation« finden Sie dutzende von kreativen Vorschlägen dazu.

5. Kontrollieren Sie die Umsetzung

Der Erfolg einer Zusammenkunft wird immer von der Umsetzungsquote bestimmt. Deshalb ist ein Protokoll zwingend. Es ist aber auch zwingend notwendig, dass die im Meeting vereinbarten Maßnahmen auch tatsächlich umgesetzt werden. In vielen Firmen, die ich kenne, hat es schlicht keine Folgen, wenn jemand eine protokollierte Aufgabe nicht fristgerecht erledigt.

Mehr noch, es gilt als Kavaliersdelikt. Genau hier sollte Ihre Vorgabe konsequent sein und bestraft werden. Wer hier nicht durchgreift, hat verloren, denn nichts ist demotivierender als eine immer länger werdende Aufgabenliste. Das mag hart und autoritär klingen, ist aber einfach konsequent. Schließlich ist ein Meeting eine stattliche Investition (Zeit und Geld), die sich lohnen muss.

Protokollieren Sie die Beschlüsse und die zu erledigenden Aufgaben inklusive der für die Umsetzung verantwortlichen Person. Planen Sie sich eine Erinnerungsmail ein, in der Sie die Person an die Aufgabe erinnern. Das wirkt in den meisten Fällen Wunder und zeigt zudem auf, dass Sie die Übersicht behalten.

6. Holen Sie gezielt Feedback ein!

In unseren Workshops stellen wir Führungskräften jeweils die Frage: »Wie viele Meetings haben Sie in Ihrer Karriere schon geleitet?« Die Antwort ist oft: »Mehrere hundert!« »Wie oft haben Sie schon ein Teilnehmerfeedback eingeholt?« Die Antwort ist leider zu oft: »Nie!«

Beweisen Sie Ihre Offenheit und Ihre Absicht zur Optimierung, indem Sie mindestens einmal jährlich ein fundiertes Feedback der Teilnehmer zu Ihrer Meetingleitung einholen. Antworten auf die Frage: »Wie zufrieden bist du mit den in meinen Meetings erzielten Resultaten?«, oder: »Wie beurteilst du meine Meetingleitung (Vorbereitung, Durchführung, Nachbereitung)?«, helfen Ihnen, sich laufend zu optimieren. Dies ist auch dringend nötig, denn wer so viele Meetings leitet wie Sie, der muss einfach ein Meeting-Profi sein.

Kommunikation wird endlich wieder zur Chefsache! Ich habe mich immer gewundert, was die ganzen Kommunikationsabteilungen sollen, die in den letzten Jahren in den großen Firmen für viel Geld geschaffen wurden. Gerade jene Firmen, die eine gute Kommunikation bitter nötig hätten, verfügen über die größten Kommunikationsabteilungen. Es ist banal, aber Charisma und Kommunikationskompetenz ist Chefsache und kann, der Glaubwürdigkeit wegen, nicht delegiert werden.

Do-hower beachten auch folgende Punkte: Seien Sie schneller als Gerüchte! Wenn ein Mitarbeiter sagt: »Das war hart, was da neulich in der ›Bilanz‹ über Sie geschrieben wurde ...«, dann sind Sie bereits einen entscheidenden Schritt zu langsam in Ihrer internen Kommunikation. Erst wenn Mitarbeiter schneller als die Presse informiert werden, motivieren Sie. Alles andere muss zwangsläufig demotivieren.

Überlegen Sie immer, welches Kommunikationsmittel Sie für eine Botschaft einsetzen. Die persönliche, mündliche Kommunikation ist noch immer die effektivste und glaubwürdigste. Schnell eine Rundmail zu verschicken erscheint zwar zeitsparend, aber oft feige, da wir bei gewissen Problemen nicht das Gesicht zeigen möchten. An schwierigen Kommunikationssituationen können Sie wachsen, packen Sie Ihre Chance am Schopf!

32. Messerlecker und Krawatten-zu-kurz-Binder

Komisch: Immer die, die im Mittelpunkt stehen,
merken es nie, wenn sie sich danebenbenehmen.
Ernst Ferstl, Autor

Gibt es so etwas wie das perfekte Benehmen? Ich habe eine Woche lang auf gutes Benehmen geachtet (natürlich nur bei anderen) und habe sechs Situationen erlebt, die so nie hätten stattfinden dürfen.

Also, das eines gleich klar ist: Ich möchte mich jetzt nicht auch noch als Mode- und Knigge-Papst in Szene setzen. Aber das Thema ist einfach zu do-howerisch, als dass ich darauf verzichten könnte. Wie benimmt sich Dame und Herr zu Tisch? Welche Krawatte trägt Mann zu welchem Hemd? Wer stellt wen wem und vor allem wie vor? Wer an Benimm-Seminaren teilgenommen hat, weiß manchmal nachher weniger als vorher. Zu viele Regeln – was ist angemessen, was korrekt – prasseln da auf einen nieder. Das kann einem das Gefühl geben, dass man bisher konsequent die falschen Klamotten getragen und sich bei Tisch wie ein Rüpel aufgeführt hat.

Ich bin mit den In- und Outfit-Beratern einer Meinung: Kleider und Benehmen sind extrem wichtig. Regeln funktionieren jedoch nur, wenn beide Parteien sie kennen. Was nützt es mir, wenn ich zwar weiß, dass eine Suppe aus der Tasse (nicht Teller!) geschlürft werden darf, wenn mein Gegenüber mich für einen ungehobelten Kerl hält. Ich habe zwar Recht, stehe aber trotzdem im Abseits. Super.

Nachfolgende Situationen habe ich genau so erlebt und anschließend mit Profis besprochen. Ich wünsche allzeit unfallfreies Essen und den richtigen Griff in den Kleiderschrank.

Messerlecker

Es ist 12.30 Uhr, wir befinden uns in einem von noblen Geschäftsleuten frequentierten Restaurant in Zürich. Genüsslich führte er sein Messer durch einen See von Senfsauce, führte es langsam zwischen seine Lippen und zog es der ganzen Länge nach durch den Mund.

Do-hower wissen: Die Sauce mit etwas Brot auf der Gabel aufzutunken ist, wenn Sie es wirklich nicht lassen können, erlaubt. Das mit dem Messer jedoch sollten Sie lassen, auch den Kindern zuliebe, die so etwas leichtgläubig nachmachen.

Krawatten-zu-kurz-Binder

Es ist 9.45 Uhr auf dem Flughafen in Dresden. Neben mir steht ein Mann, dessen Krawattenspitze gerade mal die äußerste Wölbung seines beeindruckenden Bauches berührt. »Ihre Fliege ist aufgegangen ...«, wollte ich ihn ansprechen, doch das verbot mir meine gute Kinderstube.

Do-hower wissen: Die Krawattenspitze muss gemäß Knigge exakt den Gürtel berühren. Abweichungen von über 10 cm werden mit einem Benimm-Seminar nicht unter fünf Tagen bestraft.

Am-Tisch-Schminkerinnen

Es ist 22.10 Uhr in einem Viersternehotel in Luzern. Am Tisch neben mir entrümpelt eine Dame gerade ihre Handtasche, klappt das Schminkset auf und beginnt mit einer ausführlichen Fassadenrenovierung.

Do-hower wissen: Gemäß Knigge darf weder Lippenstift noch Puder am Tisch benutzt werden. Dasselbe gilt übrigens auch für die Benutzung des Zahnstochers.

»Kann jetzt nicht sprechen«-Sager

Es ist 10.00 Uhr in einem Sitzungszimmer in Frankfurt. Die Melodie von »Mission Impossible« ertönt und Tom Cruise von gegenüber greift in seine Innentasche, zückt ein Handy, so klein wie eine Zündholzschachtel, und sagt mit leiser Stimme: »Huber, ja bitte? Äh sorry, aber ich bin gerade in einem Meeting und kann nicht sprechen. Können Sie mich später noch mal anrufen?«

Do-hower wissen: Wenn jemand nicht sprechen kann, dann sollte er sein Handy doch einfach auf lautlos stellen. Das gilt übrigens auch im Restaurant. Wie wäre es mit einem Schild in allen Sitzungszimmern dieser Welt, auf dem geschrieben steht: »Vergessen Sie nach der Sitzung bitte nicht, Ihr Handy wieder einzuschalten«?

Aschenbecher-mit-Oliven-Füller

19.00 Uhr an der Bar in Bern. Mein Gegenüber bestellt einen Martini. Während er seinen Drink leert, isst er die Oliven und entsorgt die Kerne im Aschenbecher, der bereits ausgedrückte Zigaretten enthält. Als der Kellner den übervollen Aschenbecher diskret vom Tisch nehmen will, hält ihn der Gast auf:

»Warten Sie ...«, er legt noch einen Plastikspieß samt Papierserviette obendrauf und sagt: »So ...«

Do-hower wissen: Der Aschenbecher ist ausschließlich für die Zigaretten reserviert. Olivenkerne, Hühnerknochen und alle anderen Dinge gehören auf einen kleinen Abfallteller. Ist keiner da, dann bestellen Sie einen. Ansonsten ernten Sie böse Blicke.

Im-Fahrstuhl-auf-den-Boden-Gucker

Es ist 22.45 Uhr im Parkhaus-Fahrstuhl am Flughafen in Zürich. Mit mir steigen zwei weitere Personen in den Fahrstuhl. Kein Augenkontakt. Kein Wort. Jeder drückt einen Knopf. Gesenkte Blicke, wichtige Mienen. Beklemmende Atmosphäre.

Daniel Zanetti fragt: Was, liebe Leserinnen und Leser, machen Do-hower in so einem Fall? Meine Frage an die Herren: »Fahren Sie oder soll ich?«, kam nur mäßig gut an.

33. Der Spaßfaktor

Mir ist inzwischen klar, warum die Leute mit Nadelstreifenanzügen immer so ernste Gesichter machen und so wenig lachen: Beim Lachen zieht sich der Mund quer – und das passt nicht zu den Längsstreifen.
Willy Meurer, Publizist

Es ist mir unbegreiflich, weshalb gut bezahlte Models schöne Kleider mit ernster Miene spazieren führen. Ist der Job so anstrengend, oder sind die Kleider so unbequem? Ist das jahrelange Lachverbot der Grund dafür, dass sich die Frauen später die Lippen aufspritzen und aussehen wie Clowns im Eisfach? Und wir Manager? Was tun wir für eine spaßvolle Kultur?

Es ist gar nicht so einfach, spaßige Tage zu erleben. Die Belastungen in der Berufswelt sind heute ohne Zweifel enorm. Es gibt genügend Gründe, sich statt Lachfalten Sorgenfalten zuzulegen. In vielen Firmen ist sie förmlich zu spüren, diese formelle Fröhlichkeit. Das »Hallo« und das »Wie geht's?« kommen nicht locker, sondern korrekt über die Lippen. In einer Kultur, in der jedes Wort auf die Goldwaage gelegt wird, kann keine Gelassenheit herrschen. Argwohn und nicht Wohlwollen bestimmt das Miteinander respektive das Gegeneinander.

Ich bin besonders stolz darauf, dass in unserer Firma viel rumgealbert wird. Manchmal stünde uns der Comedy-Preis zu, würde aufgezeichnet, was in unseren Büros so abläuft. Nicht immer, aber immer öfter. Und doch weiß bei uns jeder, ob es Zeit ist rumzualbern oder sich voll auf seinen Job zu konzentrieren.

Spaßkultur heißt nicht, dass Sie unprofessionell arbeiten sollen. Spaßkultur verbindet. Wir nutzen das Lachen als Leistungsmacher. Humor ist ein ideales Schmiermittel für Kunden- und Mitarbeiterbeziehungen. Bin ich bei einem Kunden zu Besuch, dann versuche ich immer zu Beginn, eine fröhliche Stimmung herzustellen. Ernte ich ein herzliches Lachen, ist die Ausgangslage für das nachfolgende Gespräch fantastisch. Humor verbindet eben.

Arbeit ist doch keine Einzelhaft mit Bewährung, sondern ein wichtiger Teil unseres Lebens. Mit Arbeit verbringen wir die längste Wachzeit. Wenn wir bei der Arbeit keinen Spaß haben, wann dann? Damit meine ich natürlich nicht, dass wir andauernd Witze reißen oder im falschen Moment rumblödeln. Damit meine ich Lockerheit, verbunden mit der Sicherheit, dass nicht jedes Wort, jede Geste gleich zum Fallstrick wird.

Eines ist klar: Eine Spaßkultur kann man nicht kaufen. Sie müssen Sie erzeugen, vorleben. Ein Außenstehender merkt sofort, ob es bei Ihnen etwas zu lachen gibt oder nicht. Ein Bewerber, der durch die Firma geführt wird, merkt sofort, ob »Wir haben es gut miteinander ...« eine Floskel oder eine gelebte Tatsache ist. Schauen Sie in die Gesichter der Menschen und

Sie müssen zum Thema Arbeitsklima nie mehr eine Frage stellen.

Es ist mir unverständlich, wie viele Manager aus ihren Prospekten und Websites schauen. Würden die sich selbst nur halb so »glänzend« präsentieren wie die Produkte, die sie herstellen: The company world would be a better place.

Zeit, dass nebst verschiedenen Faktoren auch der Spaßfaktor eingeführt wird. Das Verhältnis zwischen spaßigen und ernsten Menschen könnte dabei den Index bilden. Spaßfaktor 75 könnte bedeuten, dass 75% aller Mitarbeiter Spaß haben. Wenn Ihnen das jetzt alles zu abgespaced vorkommt, dann wenden Sie doch demnächst einfach folgende zehn Tipps an:

Zehn Tipps für mehr Humor am Arbeitsplatz

- Geben Sie jedem Mitarbeiter eine Einwegkamera und lancieren Sie einen Fotowettbewerb nach dem Motto »Spaß am Arbeitsplatz«. Die Bilder können Sie dann in der Firma ausstellen und prämieren.
- Kreieren Sie gemeinsam ein Firmenmaskottchen.
- Richten Sie ein Spielzimmer ein, in dem vom ferngesteuerten Auto bis zu Legosteinen alles vorhanden ist, was das Kind in uns weckt.
- Eröffnen Sie jedes Meeting mit einem Witz.
- Geben Sie sich gegenseitig Spitznamen.
- Spielen Sie Ihren Kunden in der Warteschleife eine Comedy-CD vor anstatt »Vier Jahreszeiten« von Vivaldi.
- Wählen Sie jeden Monat einen Ihrer Mitarbeiter zum Hofnarren. Er hat die Aufgabe, die lustigen Alltagssituationen in Ihrer Firma zu dokumentieren und an Meetings zu erzählen.
- Brennen Sie für Ihre Mitarbeiter eine CD mit fröhlicher Musik. Lieder wie beispielsweise »Walking on Sunshine« wirken Wunder. Vor allem wenn sie auf dem Weg zur Arbeit gehört werden.
- Und wenn alles nichts hilft, dann schütten Sie einfach in der Personalkantine Salz in die Zuckerdosen.

ANHANG

The Weekly Empowerment

Die besten Dinge im Leben sind kostenlos ...
Unbekannt

Wir sagen oft: »Was nichts kostet, ist auch nichts wert.« Ach, machen Sie, was Sie wollen, aber sagen Sie nie, ich hätte Sie nicht auf Folgendes aufmerksam gemacht:

The Weekly Empowerment

The Weekly Empowerment ist ein Innovationsletter, den ich seit 1999 Woche für Woche verschicke. Wie kam es dazu?

Als Trainer sind Sie dazu aufgefordert, den Anliegen der eigenen Kunden auf die Spur zu kommen. Ich entdeckte, dass – wenn ich meine Antennen auf Empfang stelle – ich in jeder Arbeitswoche auf interessante Themen, Anliegen und Bedürfnisse von Menschen stoße. Ich begann, diese Themen zu verarbeiten und mit meiner querdenkerischen Art zu würzen. Entstanden ist The Weekly Empowerment. Ein Innovationsletter mit einzigartiger Erfolgsgeschichte.

Seit 1999 haben tausende von berufstätigen Menschen diese Freitagspost von mir abonniert. Wenn Ihnen mein Buch gefallen hat, dann wird Ihnen auch The Weekly Empowerment gefallen.

Profitieren Sie von kostenlosem Wissen mit Wirkung. Jeden Freitagnachmittag. Pünktlich wie eine Schweizer Uhr. Melden Sie sich heute noch an unter ...

www.do-how.ch

Know-how erhalten Sie überall. Do-how nur bei uns.
Werbeslogan von NeumannZanetti & Partner

Wir sind keine Berater. Unsere Leidenschaft besteht darin, Kunden mit jenem Wissen zu unterstützen, das ihnen im Alltag einen Mehrwert schafft. Dazu stehen ihnen unsere außergewöhnlichen Talente zur Verfügung. Klicken Sie doch mal auf unsere Website.

Wenn ich Sie mit meinen Zeilen zum Handeln anregen konnte, dann freut mich das sehr. Doch ein Buch ist und bleibt ein Buch. Es kann inspirieren, aber es kann den Dingen nicht immer gerecht werden.

Mit maßgeschneiderten Workshops zu allen in diesem Buch angesprochenen Themen erhalten Sie von uns Wissen mit Wirkung. Abgestimmt auf Ihre Bedürfnisse.

Unter www.nzp.ch erfahren Sie mehr über

- die Geschäftsbereiche im Detail
- die Menschen, die für Sie arbeiten
- Workshops mit positiver Wirkung
- Referenzen
- Pressekontakte
- Publikationen
- und vor allem Innovationen

Viel Vergnügen!

Daniel Zanetti
NeumannZanetti & Partner
Huobmattstrasse 5
CH-6045 Meggen

Telefon: 00 41 41 379 77 77

daniel@nzp.ch

www.nzp.ch

Die NZP Story

Die herausragenden Dinge im Leben
erreicht man nur mit viel Leidenschaft.
Unbekannt

1996 hatte ich eine Idee. Aus dieser Idee ist zehn Jahre später eine außergewöhnliche Firma mit außergewöhnlichen Mitarbeitern und außergewöhnlichen Kunden geworden.

1996

- Marie-Thérèse Maeder und Daniel Zanetti gründen Maeder Zanetti & Partner mit der Absicht, Kundenorientierungs-Schulungen in der Hotellerie/Tourismus anzubieten
- Bezug der Büros an der Waldstätterstrasse 31 in Luzern
- Jörg Neumann stößt als Geschäftspartner zur Firma dazu
- Erster bedeutender Kunde ist das Hotel Château Gütsch in Luzern
- Eine halbtägige Telefonschulung kostet 150 CHF pro Teilnehmer
- Die Geschäftsführer beziehen ein durchschnittliches Monatsgehalt von 2800 CHF

1997

- Erste Mitarbeiterin eingestellt. Sie verdient 400 CHF mehr im Monat als die Geschäftsleitung
- Ausschreibung der ersten öffentlichen Seminare in der Hotellerie

- Erste Kunden außerhalb von Hotellerie und Tourismus akquiriert

1998
- Bürowechsel an die Zentralstrasse 44 in Luzern
- Unsere Firma beschäftigt drei Partner und drei Mitarbeiter
- Der öffentliche Seminarkalender umfasst 16 verschiedene Seminare

1999
- Es gibt zwei Seminarkalender (Hotellerie und übrige Branchen)
- Wir beschäftigen neun freischaffende Trainer
- Gründung von The Empowerment Company, eine Executive-Search-Firma mit Sitz in Luzern. Die Firma beschäftigt zwei Mitarbeiter
- Die erste Verkaufsmitarbeiterin wird engagiert
- Geburtsstunde des Innovationsletters The Weekly Empowerment mit acht Abonnenten
- Marie-Thérèse Maeder scheidet aus, Umbenennung in NeumannZanetti & Partner

2000
- Bei NeumannZanetti & Partner arbeiten 16 fest angestellte Mitarbeiter
- Wir führen Workshops unter anderem in Lima, Beijing und Chicago durch
- Mit dem Customer-Care-Check lancieren wir das erste Produkt im Bereich Mystery Check
- Der Seminarkalender umfasst 33 verschiedene Seminare

2001
- Bezug der Büros an der Huobmattstrasse 5 in Meggen
- Das erste Buch von Daniel Zanetti – »1001 Tipps zur Mitarbeitermotivation« – erscheint und wird auf Anhieb ein Bestseller
- Entwicklung und Markteinführung des Teambuilding-Workshops »Cook a Team«

- Ausbau der Website www.nzp.ch
- Der durchschnittliche Trainer-Tagessatz überschreitet 3000 CHF

2002

- Das erste Buch von Jörg Neumann – »Formulieren ohne Floskeln« erscheint
- NeumannZanetti & Partner und The Empowerment Company fusionieren zu NeumannZanetti & Partner The Empowerment Company
- Die Mitarbeiter-Lohnerhöhungen betragen 5%
- Der Tagessatz für ein Training überschreitet erstmals 4500 CHF
- »1001 Tipps zur Mitarbeitermotivation« erscheint in der 2. Auflage und hat sich 15 000-mal verkauft
- Auszüge aus dem Innovationsletter The Weekly Empowerment werden über 280 Mal publiziert. Die »Bilanz« publiziert in vier Ausgaben je eine Seite

2003

- Das zweite Buch von Daniel Zanetti, »Kundenverblüffung«, erscheint und wird bereits in den ersten Monaten ein Bestseller
- The Weekly Empowerment wird jeweils montags bei Radio 24 und Radio Pilatus ausgestrahlt
- Der größte Schulungsauftrag umfasst ein Volumen von 230 000 CHF
- Im Bereich Mystery Check erreichen wir in der Krankenversicherungsbranche Marktführerschaft
- Jeder Mitarbeiter erhält einen zusätzlichen 14. Monatslohn als Bonus

2004

- Betreuung von Kunden in 13 Ländern: Schweiz, Deutschland, Österreich, England, USA, China, Südamerika, Ägypten, Jordanien, Libanon, Türkei, Spanien, Italien
- Daniel Zanetti veröffentlicht das Hörbuch »The Best of Weekly Empowerment«

- »Cash TV« macht mit Daniel Zanetti eine Mystery-Check-Tour durch die Tourismuslandschaft der Schweiz
- Der Mystery-Check-Bereich wird ausgebaut: 900 neue Tester arbeiten in vier Sprachen für uns
- Das zweite Buch von Jörg Neumann – »Ihr Auftritt zum Erfolg« – erscheint
- Vergabe des ersten Kundenverblüffungs-Awards
- Durch den Auftritt von Daniel Zanetti bei der Sport 2000 Gala in Berlin wird das Thema Kundenverblüffung zum Verkaufserfolg und das Buch wird zu einem der meistverkauften Businessbücher im deutschen Sprachraum
- Der Geschäftsbereich Executive Search wird eingestellt, um sich fortan auf die Kernbereiche Training und Mystery Check zu konzentrieren
- Bestes Jahresergebnis der Firmengeschichte
- Ralph Hubacher, unser Marketingleiter, versteigert bei Ebay Daniel Zanetti (ohne dessen Wissen) und lanciert die größte PR-Aktion der Firmengeschichte
- Die Mitarbeiter erhalten durchschnittlich 8% Lohnerhöhung und ab dem vierten vollen Arbeitsjahr zusätzlich einen Monat bezahlten Urlaub als Sabbatical
- Der Jahresumsatz hat sich gegenüber dem Gründungsjahr (1996) mehr als verzehnfacht
- Die Qualität der Produkte ist inzwischen so hoch, dass jeder Kunde eine aktive Referenz ist
- »1001 Tipps zur Mitarbeitermotivation« erscheint als Sonderauflage und verkauft sich 4500-mal in drei Monaten

2005

- Der niedrigste monatliche Mitarbeiter-Bruttolohn beträgt 5300 CHF. Das sind 60% mehr als 1997
- Für den Mystery-Check-Bereich arbeiten 1211 Testerinnen und Tester, darunter 65% Frauen
- NeumannZanetti & Partner veröffentlicht das erste Service & Sales-Quality-Panel zum Automarkt Schweiz
- Kundenverblüffungs-Workshops und Vorträge werden von Topfirmen wie Credit Suisse Management Forum, UBS,

Nestlé, Shell, St. Moritz Tourismus, SBB und 50 weiteren Firmen gebucht

- Das Buch »Kundenverblüffung« erscheint im Mai in Taiwan und England
- Der Innovationsletter The Weekly Empowerment erreicht 13 000 Abonnenten in zwölf Ländern und generiert 20 % der Neugeschäfte
- Daniel Zanetti ist Co-Autor von Thomas Knapp's Buch »In den Krallen des Raubvogels«, das sich mit dem Burn-out-Syndrom befasst
- »Kundenverblüffung« verkauft sich bis dato über 20 000-mal
- Beim Suchwort Daniel Zanetti findet die Suchmaschine Google 169 000 Einträge
- Wir schließen auch dieses Jahr mit dem besten Ergebnis der Firmengeschichte ab

Ich habe fertig!

Giovanni Trappatoni

Einer ist keiner.
Ohne die zahlreichen Begegnungen,
Anstöße, Abstürze und Inspirationen
wäre dieses Buch
ein Schubladenprojekt geblieben.

Einen wirklich großen Verdienst an diesem Buch trägt Catharina Oerke, die meine geistigen Ausflüge in geordnete Bahnen gelenkt hat. Wenn Sie, liebe Leserinnen und Leser, verstanden haben, was ich geschrieben habe, dann ist es ihr Verdienst. Silvie Horch und Jürgen Diessl möchte ich für ihren Mut danken, ein Buch zu publizieren und zu vermarkten, das nicht Mainstream ist. Das braucht viel unternehmerische Courage. Courage, die sich hoffentlich bezahlt macht.

Bedanken möchte ich mich auch beim gesammelten NeumannZanetti & Partner-Team, das schuld daran ist, dass wir keine normale Firma geworden sind. Sie leben Do-how wohl wissend, dass wir es uns nicht leisten können, Wasser zu predigen und Wein zu trinken. Unsere Kunden würden es uns nie verzeihen. Hasta la victoria siempre!

Allen voran danke ich meinem Geschäftspartner Jörg Neumann, von dem ich schon so viel Wichtiges für mein Leben lernen konnte. Jörg, du stehst irgendwie immer über den Dingen. Deine Sichtweisen haben unserer Firma und mir persönlich viel Positives gebracht. Obwohl ich viel im Firmenschaufenster stehe, weiß niemand besser als ich, dass ohne Dich der Erfolg von NZP nicht möglich wäre. Danke, Partner!

Dann natürlich Ralph »Hubi« Hubacher. Du hast bei uns neue Vermarktungsmaßstäbe gesetzt und dich zum Kundenbegeisterer entwickelt. Lass es weiterhin »poltern«.

Sonja Rogenmoser. Du hast die Kosten immer fest im Griff und holst uns, wenn nötig, auf den Boden der Realität zurück. Eine wichtige Kompetenz bei so einer Hochfliegertruppe.

Bettina Spichiger. Du weißt, wie man die Sau rauslässt und bist seit vier Jahren die Zuverlässigkeit in Person. Die zahlreichen positiven Feedbacks unserer Kunden sprechen für sich respektive für dich!

Patrick Favre. Man weiß es nie: Bist du nun der Taxi fahrende Trainer oder der trainierende Taxifahrer? Merci beaucoup für die sympathische Zusammenarbeit!

Lucia Elmiger. Du bist immer zur Stelle, wenn wir dich brauchen. Vielen Dank für deine jahrelange Unterstützung.

Antonio Rondinelli. Keiner weiß mehr über Autos und wo unsere 1300 Mystery Checker gerade stecken.

Andrea Lüthi. Eben noch meine Assistentin und jetzt schon Trainerin. Danke für deine Unterstützung in den letzten Monaten. Ohne dich wäre ich sang- und klanglos untergegangen.

Carole Altermatt. Schön, dass du mit uns deine Zukunft planst und mithilfst, neues Terrain zu erobern.

Eveline Torres. Wann immer du im Büro bist, scheint die Sonne! Wann immer wir dich brauchen, bist du da und wir brauchen dich immer öfter. Was will man mehr?

Bernard Teyssier. Du bist ein besonders inspirierender Mensch. Immer wenn wir uns sprechen, könnte ich anschließend ein Buch schreiben.

Adrian Stalder. Dein Wirken habe ich immer mit Bewunderung verfolgt. Seit diesem Jahr haben sich endlich unsere Wege gekreuzt. Schön, wenn wir in Zukunft öfter miteinander zu tun haben.

Urs Gsell. Weil ein Businesslunch mit Ihnen einer unternehmerischen Weiterbildung gleichkommt.

Thomas Knapp. Unsere Zusammenarbeit bei deinem Buch »Burn-out – In den Krallen des Raubvogels« war eines meiner persönlichen Highlights 2000+5.

Martin Zurbriggen. Wirkliche Freunde gibt es wenige im Leben. Wir sind es seit 24 Jahren.

Bianca, Noah und Bea. Für euch konnte ich nicht so viel da sein wie das nötig gewesen wäre, dabei seid ihr das Wichtigste in meinem Leben. Danke, dass ihr mich auch dann ertragt, wenn ich es selbst nicht einmal mehr tue.

Jonas. Herzlich willkommen in der Welt der Do-hower und danke, dass ich dein Wegbegleiter sein darf.

Chantal. Ich habe das Kapitel Burn-out nicht nur geschrieben, sondern auch kapiert. Ich freue mich auf mehr Zeit mit dir.

Dies war mein drittes Buch und es ist wie verhext. Beim Schreiben schwöre ich mir jeweils, keines mehr zu schreiben. Doch dann entwickeln sich aus dem Schreiben heraus neue, spannende Denkansätze, die ich jeweils in meinem Hirn archiviere. Wenn ich dann von Zeit zu Zeit in meinem »Archiv« nachschaue, stelle ich fest, dass einige der Gedanken überlebt haben. Und dass einige dieser Gedanken es durchaus wert sind, weiterverfolgt zu werden. Und so kommt es, wie es kommen muss: Das nächste Buch ist bereits in Planung.

Auf Wiederlesen

Bildnachweis

Simon Bolzern, S. 71, 77

dpa Picture-Alliance GmbH, Frankfurt am Main, S. 13, 26, 122

Ullstein Bild, Berlin, S. 99

Literaturverzeichnis

Gotthelf, Jeremias: Geld und Geist. Solothurn 1843.

Knapp, Thomas mit Adrian Burki, Andreas Lüthi und Daniel Zanetti: Burn-out. In den Krallen des Raubvogels. Olten 2005.

Layard, Richard: Die glückliche Gesellschaft. Kurswechsel für Politik und Wirtschaft. Frankfurt/M. 2005.

Malik, Fredmund: Führen, Leben, Leisten. Wirksames Management für eine neue Zeit. München 2001.

Neumann, Jörg: Formulieren ohne Floskeln. Geschäftskorrespondenz mit Pep und Persönlichkeit. 2. aktual. Aufl. Frankfurt/M. 2004.

– Ihr Auftritt zum Erfolg. Präsentationen souverän meistern. Zürich 2004.

Ratzinger, Joseph Kardinal: Werte in Zeiten des Umbruchs. Die Herausforderungen der Zukunft bestehen. Freiburg 2005.

Ridderstrale, Jonas und Kjell A. Nordström: Karaoke-Kapitalismus. Fitness und Sexappeal für das Business von morgen. Heidelberg 2005.

– Funky business. Wie kluge Köpfe das Kapital zum Tanzen bringen. München 2000.

Zanetti, Daniel: 1001 Tipps zur Mitarbeitermotivation. Verblüffende Ideen für einen motivierenden Geschäftsalltag. München 2002.

– Kundenverblüffung. Kreative Tipps, wie Sie Ihre Kunden nachhaltig an sich binden. Frankfurt/M. 2005.